競技力が上がる体づくり

バレーボールの
フィジカル
トレーニング

著 佐藤裕務

JN108447

ベースボール・マガジン社

みなさんの可能性を広げるキッカケとなりますように

みなさんは「トレーニング」という言葉を聞いて、どんなことを思い浮かべるでしょうか。「ジャンプ力が上がる」「足が速くなる」といったプラスの側面もあれば、「体が重くなる」「ケガをしてしまう」といった、ネガティブなイメージを持っている人もいるかもしれません。おそらく、それらのどれも間違いではないと思います。私も高校時代に自分自身がトレーニングを続けることで、そのすべてを経験しています。足が速くもなりましたし、素早く動けるようにもなりました。しかし、オーバートレーニングになったこともありますし、ケガをするキッカケをつくってしまったこともあります。

では、なぜこのように正反対のネガティブな効果が出てしまうのでしょうか？ それは「やり方」が目標に対して合っていないからです。「やり方」とは、どのエクササイズをやるか、どのフォームでやるのか、回数とセット数はどうするか、ウエイトであれば、どのくらいの重量でやるのか、といったことです。例えば、瞬発力をつけてコートの中で速く動くことを実現したいのに、筋肥大的なトレーニングばかりしてしまうと、「体が重く」感じてしまうこともありますし、逆に体を大きくしたい時期なのに、走り込みなどの有酸素運動をたくさんやってしまうと、体は大きくなりません。また同じエクササイズにおいても、フォームが変われば、鍛えられる動作や筋肉が変わりま

すし、体のつくりに反するような不適切なフォームでやってしまうと、ケガにつながってしまいます。

そのようにして、「やり方」が間違っていることが原因なのに、「トレーニングをするとマイナスだ」と決めつけてしまって、止めてしまった人もいるのではないでしょうか。しかし、適切な方法で行えば、足も速くなり、ジャンプ力もつきますし、柔軟性もつき、ケガをしにくい体をつくることができます。自分たちの身体能力を飛躍的に向上させるチャンスがあるのに、それにトライしないのはもったいないことだと思います。でも「じゃあどうすればいいの？」とわからない人もいることでしょう。そこで、私がストレングスコーチをしている早稲田大学バレーボールチームの同僚のスタッフとともに、みなさんがわかりやすくトレーニングに取り組めるように本書をつくりました。

まず前半部分（Part2）では、バレーボール選手に起こりやすいケガの予防トレーニングについて、村本勇貴トレーナーが肩と足首、山中美和子トレーナーが腰と膝のテーマで執筆しています。後半部分（Part3）では、バレーボールのパフォーマンスにつながる身体能力の向上に関するトレーニングについて、私佐藤が担当しました。トレーニング種目は重りを扱わない自体重種目を中心に構成していますので、まずこれらの種目をてい

ねいにマスターし、その後、応用種目であるウエイトや瞬発的な種目にチャレンジしてみてください。また種目の説明だけでなく、それぞれの目的に合わせたトレーニングプログラムのつくり方も紹介しています。

ただせっかく良いトレーニングをしても、食事や栄養補給が疎かになると、トレーニング効果は半減します。その大切な食事についても、コラムで岡本香スポーツ栄養士が執筆しています。そして、監督やコーチの方にとってもトレーニングをわかりやすくご理解いただけるように、松井泰二監督、伊東克明コーチによってトレーニングの重要性を説明するパートもあります。

このように、本書はわれわれバレーボールチームのスタッフの知識、経験をまとめたものです。それもただの経験や感覚に頼ったものではなく、科学的な研究結果を中心としたスポーツ医科学の根拠に基づいた内容となっています。

ぜひ、本書を手にお取りいただき、選手のみなさんにとっては、自らの可能性を広げるキッカケとして、監督やコーチの方々にとっては、ケガを減らし、チーム全体のパフォーマンスを上げるために、ご活用いただければ幸いです。本書が、一人でも多くの方々のお役に立てることを願っております。

佐藤裕務

C o n t e n t s

Part 3 パフォーマンス向上トレーニング……61

Contents

デザイン　　チックス.
写真　　　　阿部卓功
イラスト　　田中祐子
編集協力　　平　純子
　　　　　　プロランド

本書で紹介する種目を実施した結果生じた事故や傷害
について、著者・発行者は責任を負いません。ご了承
ください。

本書では、バレーボールの競技力アップに役立つ、体づくりのトレーニングを紹介しています。まずは、「傷害予防トレーニング」でケガの少ない体づくりをして、次に「パフォーマンス向上トレーニング」でバレーボールに合った筋力やスピードを身につけ、「クールダウンストレッチ」で、戦える体の疲労回復を高める構成になっています。無理のないように実践してください。

紹介するトレーニング
傷害予防トレーニング　23項目
パフォーマンス向上トレーニング　44項目
クールダウンストレッチ　7項目

トレーニングの基本ページ

主な動作やねらい
トレーニングの端的な説明と強化項目。自分に必要な種目の選択に便利。

トレーニング名
その種目の名称。一般的なトレーニング名に加え、オリジナルなネーミングも。

目的 このトレーニングの目的に効果などもプラス。

期別の回数・セット数
目安となる回数とセット数をより具体的に期分け別に表記。

！
トレーニング時に、ポイントとなることや注意したいこと。

Advice
トレーニング時のさらなる助言や応用的なドバイス。

刺激される部位とターゲット
意識したい主な体の部位とターゲットとなる部分。

回数・セット数
目安となる1セットあたりの回数とセット数。例えば、「左右10回」とあるのは「左右それぞれ10回」を表す。

Variation
そのトレーニングのバリエーション種目であることを示す。

このプレーにつながる
バレーボールのどんなプレーにつながるのかの一例を表記。

×
間違ったフォームで動いている人に、NGを促す。

「傷害予防トレーニング」のページ

競技力を上げるためには、ケガをしづらい体づくりが最優先される。腰、膝、肩、足首の部位別に、傷害予防のためのトレーニングを紹介。

「プログラムデザイン」のページ

さまざまなトレーニングの効果を高めるためのプログラム例を、1年間を期分けにして解説。ウォームアップ、クールダウンの構成例も紹介。

Part

1

トレーニングの考え方

トレーニングはやり方を間違うと、オーバートレーニングや
ケガにつながってしまいます。
バレーボールという競技の特性を理解したうえで、
どのようなエクササイズを取り入れるべきか。
まずはトレーニングの取り組み方から学んでいきましょう。

なぜトレーニングは必要なのか？

早稲田大学
男子バレーボール部
監督・松井泰二

トレーニングで競技成績も上がった

　早稲田大学の男子バレーボール部がトレーニングに重点を置くようになったのは、私が監督に就任した2014年からになります。私自身がプレーヤーとしては小さかったので、筋肉の質を高くすることは非常に重要だなと感じていました。

　例えば、小さいお子さんがボールを打つのと、しっかりした体の大人がボールを打つのとではスピードは違います。つまり、しっかりした筋肉、筋力を養い、体をつくると、スピードが変わってくるということです。

　ただ、就任当時はスタッフにトレーニングの専門家がいなかったので、そこが悩ましいところでした。そんなときに本書の著者・佐藤裕務さんと出会い、トレーニング部門をお任せしたら、それに伴い競技成績も上がってきました。

バレーボールにおける出力とは？

　トレーニングをバレーボールに活かすうえで、大事なことは2つあると思います。

　ひとつ目は、ボールのスピード、威力に負けない（重たい）体、そして高い出力を自重トレーニングやウエイトトレーニングでつくるということです。

　例えば、重たいものを持っていて安定した姿勢、重心でいれば、押されても倒れたりすることはありませんよね？　バレーボールは前からきたボールを前に返すスポーツです。強いスパイクがきたとしても、しっかり受け止められれば、ボールはあちこちに飛んでいくようなことはありません。また強いスパイクを打つときには強い衝突（ヒット）を生み出す必要があります。このような動作を実現するために、われわれは「出力を上げる」という認識で体づくりに取り組んでいます。

　では、バレーボールにおける出力とは何か？　それはスパイクのような動作に代表されるパワーと、姿勢を安定させて外からの力に耐える筋力のことだといえます。

　レシーブでも、スパイクでも、ブロックでも、しっかりと床から正しく力をもらっ

Part
1
トレーニングの考え方

Part
2
傷害予防トレーニング

Part
3
パフォーマンス
向上トレーニング

Part
4
クールダウンストレッチ

Part
5
プログラムデザイン

て、末端に伝えていくことが大事なことなのです。

フォームづくりのための
トレーニング

もうひとつは、正しい体の使い方を覚えるということです。正しい力を発揮するためには、正しい姿勢、正しい体の使い方が求められます。そのためにトレーニングが不可欠で、それがバレーボールの正しいフォームづくりにもつながります。

バレーボールにはさまざまな技術がありますが、ボールをさわるまでのフォームの良し悪しにより、その後のプレーがうまくいくかどうかが決まるといっても過言ではありません。

さらにトレーニングをするようになっていえるのは、選手のケガが少なくなったことです。運動法則にしたがって、体を動かすことができているから、ケガも少ない。パスの動作ひとつとっても、トレーニングで鍛えた筋肉、動作とリンクさせながら行うように心がけています。

長時間の走り込みは必要ない

逆にトレーニングとして行わないのは、長時間の走り込みです。走るという動作は、ジャンプの繰り返しで、ジャンプを繰り返すことは、膝や足首にストレスをかけることになります。強度は低いけれど、ピョンピョン跳ねることを繰り返すことで、ケガの可能性も増えますし、そういった強度がバレーボールに転移するかといえばしないと考えています。

バレーボールの場合は、長時間走る必要がありません。それよりも9メートル四方のコート内で、数歩で最高スピードに到達すればいいのです。そう考えると、使う筋力はまったく違うものとなります。つまり、バレーボール選手にとって大事な瞬発力と、その瞬発力を持続する能力を身につけるのに、とくにトレーニングが重要になってくるのです。ウエイトトレーニングなら、まずは無理に重い重量を持ち上げるのではなく、軽いシャフトでもいいので、正しい姿勢をつくることから始めてみてください。

11

バレーボールとはこんな競技

アスレティックトレーナー
山中美和子

正しい着地姿勢が大事

　動作の観点からいうと、バレーボールという競技の特徴は、ジャンプと着地を繰り返すところにあります。プレー中は移動しながらのスパイクやブロックがほとんどで、無理な体勢でスパイクを打ち、そのまま崩れた姿勢で着地する場面や、片足での着地になる場面もたくさん見られます。アスレティックトレーナーという立場からお話させてもらうと、誤った姿勢での着地を繰り返すと腰、股関節、膝に負担をかけ、故障の原因となります。肩や肘などに故障を抱えている選手もいますが、ケガの割合でいえば、着地に関連する下半身のケガのほうが多いというのが実情です。

　つまりバレーボールという競技において、正しい着地姿勢を身につけることはとても大事なことで、この本で紹介するようなエクササイズで身体機能を高め、実際のプレーに活かすことがパフォーマンスの面でも、ケガ予防の面でも重要となります。

　理想的な着地はどのような形かというと、右図のように横から見た場合、膝が前に出すぎず、前から見た場合は、膝が内側に入らない形になります。プレー中にも安定した着地ができるようになることで、膝や腰への負担が軽減されるだけでなく、足首の捻挫予防にもつながることがわかってきています。

　早稲田大学男子バレーボール部が、傷害予防に取り組み始めてから徐々にケガの発生率は減ってきており、とくにこの数年は、前十字靱帯（ACL）損傷という重篤な膝のケガは出ていません。トレーニングの効果を実感しているからこそ、みなさんには理想的な着地を身につけてほしいと考えています。

ミスユースとオーバーユース

　ケガの要因には「ミスユース」と「オーバーユース」という考え方があります。理想的ではない動作により、体の局所に負担が集中してしまうケースがミスユースによるケガです。一方、たとえ正しい動作であっても、体が回復する時間を設けずに何百回と繰り返すと、痛くなってしまうケースがありますが、これをオーバーユースによるケガと考えます。

　中学生、高校生は毎日のように部活動があり、練習に長時間割いているところもあると思います。十分な回復時間をとれないと、オーバーユースのケガが増えるのはもちろんのこと、体の疲れや集中力の低下から、ミスユースのケガが増える可能性も十分にあります。

　バレーボール選手にとても多い「ジャンパー膝」は、我慢してプレーし続けると痛みを発する膝蓋腱に変性が起きてしまい、

痛みをゼロに戻すのが非常に難しい印象があります。なので、とくに若い年代では痛みが出た段階で慢性化させずに治し切ることがとても大事です。しっかり治したうえで、動きの改善に取り組んでください。適切な休養とセットで取り組むと理想的な着地の習得は、バレーボール選手のケガに関する多くの悩みを解決してくれます。

Part
1
トレーニングの考え方

Part
2
傷害予防トレーニング

Part
3
パフォーマンス向上トレーニング

Part
4
クールダウンストレッチ

Part
5
プログラムデザイン

理想的な着地

背景 1
バレーボール選手には慢性的な膝の障害を抱えている人が多い

背景 2
膝のACL損傷は着地時に多く発生。膝の外反が大きなリスクになっている

背景 3
骨盤が後傾し、腰が丸まった姿勢での着地は屈曲型腰痛（P18）を誘発・悪化させる可能性がある

着地を改善することで、バレーボールのケガに関する多くの悩みを解決できる！

スクワットの姿勢で衝撃を吸収する着地

正面から

横から

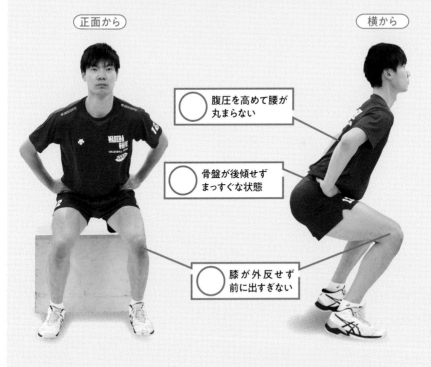

○ 腹圧を高めて腰が丸まらない

○ 骨盤が後傾せずまっすぐな状態

○ 膝が外反せず前に出すぎない

＊外反とは：膝が内側に入るようなポジションをとること

体の前面

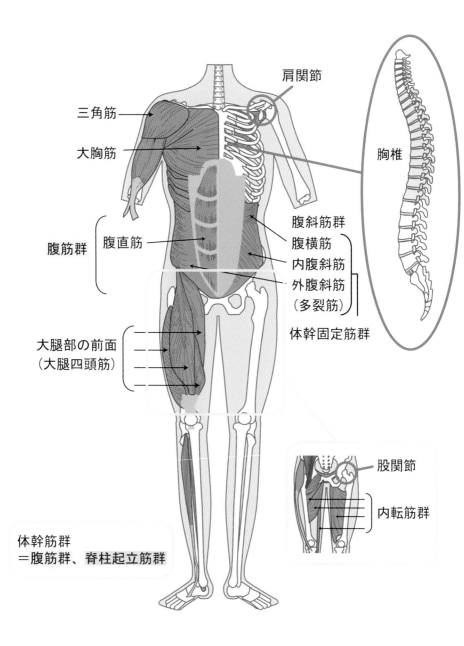

肩関節

三角筋

大胸筋

胸椎

腹斜筋群
腹横筋
内腹斜筋
外腹斜筋
（多裂筋）
体幹固定筋群

腹筋群 ｜ 腹直筋

大腿部の前面
（大腿四頭筋）

股関節

内転筋群

体幹筋群
＝腹筋群、脊柱起立筋群

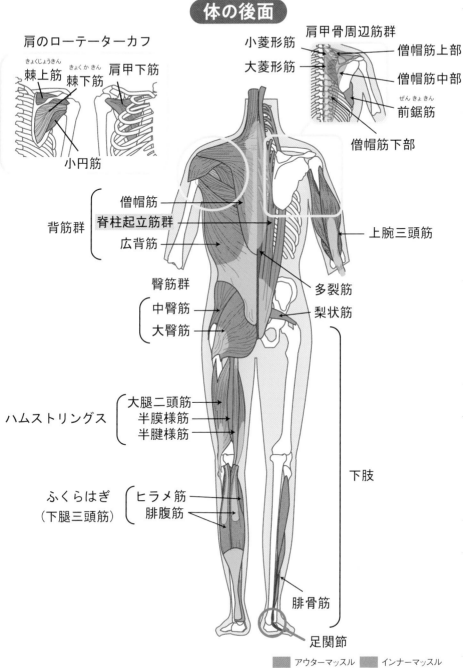

体の後面

肩のローーターカフ

棘上筋（きょくじょうきん）
棘下筋（きょくか きん）
肩甲下筋
小円筋

肩甲骨周辺筋群

小菱形筋
大菱形筋
僧帽筋上部
僧帽筋中部
前鋸筋（ぜんきょきん）
僧帽筋下部

背筋群 { 僧帽筋
脊柱起立筋群
広背筋 }

上腕三頭筋

臀筋群
中臀筋
大臀筋

多裂筋
梨状筋

ハムストリングス { 大腿二頭筋
半膜様筋
半腱様筋 }

下肢

ふくらはぎ
（下腿三頭筋） { ヒラメ筋
腓腹筋 }

腓骨筋

足関節

■ アウターマッスル　■ インナーマッスル

体をつくるための食事

公認スポーツ栄養士／管理栄養士 **岡本香**

バレーボール選手にとって毎日の食事は、体づくり、コンディショニングに重要な要素のひとつです。

まず覚えていただきたいのは、主食、主菜、副菜、乳製品、果物をそろえた「アスリートの食事の基本形」です（右下写真）。こちらをそろえた食事を毎食とることで、必要な量や質を確保しやすくなります。主食は、ごはん、パン、麺類などです。筋肉や脳を動かすエネルギー源となる糖質を豊富に含み、バレーボール選手には欠かせません。主菜は、肉、魚、卵、大豆製品を中心としたおかずです。筋肉や骨、血液など体をつくるもとになるたんぱく質やミネラル、脂質を含みます。副菜は、野菜、きのこ、いも、海藻類を中心としたおかず・汁物です。コンディショニングに役立つビタミンやミネラルを含みます。とくに、にんじんやほうれん草などの緑黄色野菜は不足しやすいので、緑黄色野菜を中心としたおかず・汁物などを毎食2〜3品〝意識〟してとれるとよいでしょう。果物にはエネルギー源となる糖質が豊富なバナナやりんご、コンディショニングに役立つビタミンCを豊富に含むイチゴ、キウイフルーツ、柑橘類などがあります。乳製品は体をつくるもとになるたんぱく質、カルシウムを含む、牛乳、ヨーグルト、チーズなどがあげられます。

そして、体づくりの一番の敵は欠食することです。1食でも食事を抜いてしまうと、1日に必要な食事量が確保できないため、エネルギー及び栄養素が不足してしまいます。トレーニング期はトレーニングによりエネルギー消費量が大きくなるため、それに見合ったエネルギー及び栄養素量をとることが重要です。せっかく良いトレーニングを積んでいても、体をつくる材料となる食事がとれていなければ、理想的な体をつくることはできません。とくに朝食には、1日のスタートとなるエネルギーの補給や体温を上げること、生活リズムを整えるといった役割があります。サポートをしている選手の中でも朝食欠食が改善したことで、パフォーマンスが向上した事例もあります。そのため、毎食欠かさず「アスリートの食事の基本形」をそろえた食事を心がけましょう。

アスリートの食事の基本形

乳製品 / 果物 / 副菜 / 主食 / 主菜 / 副菜

Part

2

傷害予防トレーニング

ケガをしづらい体をつくるには、
それぞれの傷害メカニズム、エクササイズのポイントを
理解したうえで取り組んでいくことが重要です。
このPartで紹介するメニューは、
ウォーミングアップとしてもおすすめなので、
ぜひ取り入れてみてください。

どうして腰痛は起こるの？

アスレティックトレーナー 山中美和子

伸展型と屈曲型の2つのタイプ

膝と同じように腰痛にも悩みを抱えている選手は多いと思います。腰痛に関しては一般的に2つのタイプがあります。

まずは伸展型腰痛といい、体幹を反らす（伸展させる）と痛くなるような腰痛です。バレーボールの動きでいうと、スパイクやサーブのテイクバックの動作で痛くなるようであれば、伸展型腰痛の可能性が高いでしょう。代表的な伸展型腰痛は腰椎分離症や椎間関節障害です。

もうひとつは屈曲型腰痛といい、レシーブの体勢のように前屈みになると痛みを感じる、椎間板性の腰痛のようなケースです。腰椎椎間板ヘルニアもこれに含まれます。

それぞれの腰痛に対する
アプローチの違い

伸展型は、体幹を反らすときに腰椎だけに頼るのではなく、胸椎も含め脊椎全体をしなやかに伸展させられるようになると、痛みが軽減すると考えられています。そのため「脊椎全体をなめらかに伸展させられるようにすること」を伸展型腰痛予防の目標としていきます。

屈曲型は、椎間板に大きな負担がかかることが主な要因となります。椎間板ヘルニアという診断は、みなさんもよく耳にされると思います。椎間板というのは背骨と背骨の間にあるクッションのような弾力性のある組織です。腰椎椎間板ヘルニアではこの椎間板の一部が後ろ方向に飛び出し、神経を圧迫して痛みが生じます。

どら焼きで説明するとわかりやすいと思うのですが、上と下の背骨がどら焼きの皮だとすると、椎間板は餡子になります。どら焼きを上から押しつぶしたら、餡子は飛び出ますよね？　椎間板の構造上、椎間板＝餡子が飛び出す先は斜め後ろ（背中）方向が最も多いです。そこには神経があり、触れると鋭い痛みが足に向かって走るように出るというメカニズムになっています。

背中が丸まった状態で前屈みになると、椎間板＝餡子を後ろ方向へ押し出す力が強くかかります。ただでさえ着地では、椎間板に大きな衝撃が加わります。実際にジャンプ・着地を繰り返すバレーボール選手の椎間板変性率は、多数のスポーツの中で最も高かったという研究データもあります。毎回背中が丸まった悪い姿勢で着地したり、強打をレシーブしたりしたらどうでしょう。餡子が後ろへ飛び出しやすくなると思いませんか？

そのため「背中を丸めずに胸を張った良い姿勢を身につけること」や「動作の中でその良い姿勢を保つこと」を、屈曲型腰痛予防の目標としていきます。

P20〜31のエクササイズで脊椎全体をなめらかに動かせるようにし、動作中に良い姿勢を保てるようになれば、腰痛予防・腰痛改善につながっていきます。

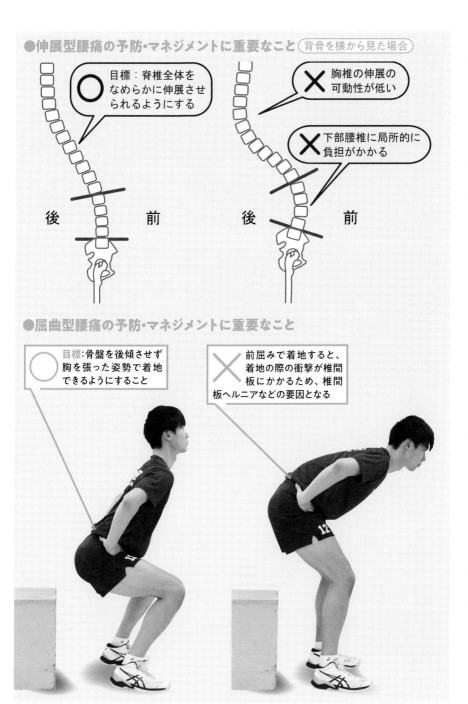

●伸展型腰痛の予防・マネジメントに重要なこと 背骨を横から見た場合

○ 目標：脊椎全体を
なめらかに伸展させ
られるようにする

後　　前

✕ 胸椎の伸展の
可動性が低い

✕ 下部腰椎に局所的に
負担がかかる

後　　前

●屈曲型腰痛の予防・マネジメントに重要なこと

○ 目標：骨盤を後傾させず
胸を張った姿勢で着地
できるようにすること

✕ 前屈みで着地すると、
着地の際の衝撃が椎間
板にかかるため、椎間
板ヘルニアなどの要因となる

参考文献
Hayashi M, et al. Lumbar intervertebral disk degeneration in Japanese male volleyball players belonging to the national team. Br J Sport Med. 45(6); 535-536. 2011.

胸椎回旋モビリゼーション

目的 腰椎が必要以上に捻られると腰痛の原因となるので、胸椎の回旋可動域を獲得することは腰椎の負担を軽減するうえでも重要。胸椎回旋の可動域を広げ、肩甲骨の動きを安定化させると肩の傷害予防にもつながる。

刺激される部位とターゲット
僧帽筋中部、大・小菱形筋
胸椎の可動域

回数・セット数 左右**10**回×**2**セット

1 横向きに寝る。下の足は伸ばして、背中よりやや後方に置き、上の足は股関節・膝関節ともに90度くらい曲げる。このとき、膝と床でバレーボールなどを挟んで下半身を固定し、両手を頭の後ろで組む

Advice

肩甲骨の内側を意識する
肩甲骨の内側の筋肉を意識しながら、ゆっくりと行うことで上半身全体がしなるようになる。

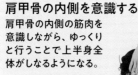

！ このあたりを動かすイメージ

このプレーに
つながる

アタックを打つときに、テイクバックとスイングがスムーズにいくようになる

Part
1
トレーニングの考え方

Part
2
傷害予防トレーニング

Part
3
パフォーマンス向上
トレーニング

Part
4
クールダウンストレッチ

Part
5
プログラムデザイン

2 1の体勢から体幹を後ろに回旋させる

3 肩のラインが床と平行になるくらいまで回旋させる

！ 可動域いっぱいに回旋する

反対側から

ヒップエクステンション

刺激される部位とターゲット
体幹筋群の運動コントロール
（とくに多裂筋）

目的 体幹を安定させる多裂筋を活性化することで、体幹部の安定化を実現し、スパイクや着地の際の腰への負担を軽減する。この種目は腰痛患者において弱化しやすい多裂筋を活性化するのに有効といわれている。

回数・セット数 左右**10**回×**3**セット

1 骨盤・肩甲骨が体幹に対してまっすぐな位置で四つ這いになる

! 足は腰幅に開いて膝が股関節の真下にくるようにする

2 体幹を固定したまま、片方の足を伸ばすように股関節を伸展（後ろに伸ばす）させる

! 手は肩幅に開いて肩の真下にくるようにする

! 体が傾かないように意識する

✕ 足を上げたときに背中が反りすぎないようにする

Part
1
トレーニングの考え方

Part
2
傷害予防トレーニング

Part
3
パフォーマンス向上
トレーニング

Part
4
クールダウンストレッチ

Part
5
プログラムデザイン

Advice

まっすぐなラインを意識する

棒などがある場合には、背骨に
沿って置き、落とさないように
行うことで、体をまっすぐにする
ことができる。

オーバーヘッドスクワット

目的 骨盤が後傾し、腰が丸まるような姿勢でジャンプや着地を繰り返すと腰椎椎間板ヘルニアの原因となる。理想的な着地姿勢のために、腰と背筋をまっすぐにした状態でのスクワットを練習し、ジャンプに応用する意識を持つ。

刺激される部位
僧帽筋中・下部、大・小菱形筋、腹筋群、大臀筋、ハムストリングス、大腿四頭筋

回数・セット数 **10**回×**3**セット

1

足幅は肩幅よりやや広めにして立つ。
棒を両手で持ち上げ、胸を張る

! 棒を持つ手の幅は
肩幅から両側に、
こぶし3つ分外側を
目安にする

! 両側の肩甲骨の内
側を寄せるように

2

お尻を引いてから、腰を落としていく

Part
1
トレーニングの考え方

Part
2
傷害予防トレーニング

Part
3
パフォーマンス向上
トレーニング

Part
4
クールダウンストレッチ

Part
5
プログラムデザイン

Advice

チューブやタオルでもOK

手を上げてスクワットを行うことで上背部の筋を使うことができるので、肩のケガ予防にも有効なエクササイズとなる。棒やシャフトがない場合にはチューブやタオルを持って行うのでも十分効果が得られる。

3 大腿が床と平行になるまでしゃがむ。重心を下ろした際に腰が丸まらないようにする

! 上体が前に倒れないように気をつける

骨盤が後傾し、腰が丸まっている

手を上げた状態で胸を張れずに、上体が倒れてしまっている

キャット・アンド・キャメル

刺激される部位
多裂筋などの背筋群、腹横筋などの腹筋群、大・小菱形筋、前鋸筋

目的 腰痛が発生しやすい下部腰椎に負荷が集中しないようにするためには背骨全体が連動して動く必要がある。胸椎の伸展（反らす）・屈曲（曲げる）可動域を広げることで、体幹部の運動コントロールを向上させる。

回数・セット数 **10**回×**3**セット

1 四つ這いの姿勢をとる

！ 両手を肩幅に開いて、肩の真下にくるように、足は骨盤の幅に開いて膝が股関節の真下にくるようにする

2 両側の肩甲骨の内側を寄せるような意識を持って背中を反らせる

✕ 反ったときも、丸めたときも胸を動かしていない

3 目いっぱい床を押すような意識で背中を丸める

Advice

大きな動きでゆっくりと
肩甲骨のあたりを大きく動かす意識を持って行う。可動域いっぱいに大きな動きを意識し、ゆっくり体をコントロールしながら繰り返そう。

アクティブ・ハムストリングス・ストレッチ

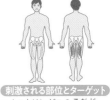

ハムストリングスの柔軟性

目的 ハムストリングスの柔軟性を向上させるためのエクササイズ。ハムストリングスが硬いと骨盤が後傾しやすくなり、その状態でジャンプや着地を繰り返すと、腰椎椎間板ヘルニアや膝の慢性障害につながりやすくなる。

回数・セット数 左右ゆっくり**10**回×**2**セット

1 仰向けになり股関節・膝関節を90度に曲げる。両手で膝裏を支えるようにサポートする

2 片方ずつ膝を天井に向けて伸ばし、ハムストリングスを伸ばす

！ 太腿の前に力が入っているのを感じながら行う

Advice

ウォーミングアップに取り入れる
ハムストリングスの柔軟性を向上させる動的ストレッチとなるので、ウォーミングアップとして行うとよい。

プランク

目的 腹圧を高めるのに必要な筋群の収縮を促してくれるエクササイズ。腰椎を安定化させるためには体幹部の筋の収縮によって腹圧を高める能力が必要となる。体幹の安定性は腰痛、さらに膝や肩の傷害予防にもつながる。

時間・セット数 各ポーズ**20〜30**秒×**3**セット（サイド・プランクは左右）

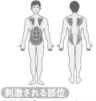

刺激される部位
腹筋群、「ハンド・トー」では肩甲骨周囲筋群

フロント・プランク

両肘を床につけ、うつ伏せになった状態から腰を持ち上げて、前腕部とつま先で体を支える

! 頭からかかとまでが一直線になるように。お尻や腰の位置が下がらないように注意

! 肩の真下付近に肘を置く

✕ お尻が下がって、腰を反っている。強度が高く、姿勢を保てない場合には膝をついて行う（フロント・サイドともに）

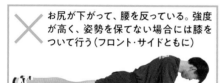

Advice

体幹の安定性を向上させる

プランクはバレーボール動作における体幹の安定性向上が見込めるエクササイズなので、ウォーミングアップとして行うようにするとよい。

> ！ 頭から足まで一直線に
> なるように。お尻や腰の
> 位置が下がらないよう
> に注意

サイド・プランク

横向きになって寝る。片
肘を肩の真下にくるよ
うに床につける。腰を
持ち上げて、前腕部と
足の外側で体を支える。
反対側も同じように行う

ハンド・トー

うつ伏せになり、両手を
伸ばして床につく。両足
は肩幅くらいに開いた
状態から腰を持ち上げ
て、両手とつま先で体を
支える

Variation

難易度アップ
「ハンド・トー」では慣れてきたら、両手
とつま先の距離を広げていくと難易度が
増す。

ファイヤーハイドラント・ヒップサークル

目的 着地時に膝が内側に入るのを防ぐためには、お尻の筋の働きが重要となる。このエクササイズではとくに膝の位置を安定させる中臀筋や梨状筋を動きやすくするので、ウォームアップなどにも適している。

刺激される部位
臀筋群（とくに梨状筋、中臀筋）

回数・セット数 左右**10**回×**2**セット

ファイヤーハイドラント

1 四つ這い姿勢で開始する

! 両手を肩幅に開いて肩の真下にくるようにする。足は腰幅に開いて膝が股関節の真下にくるようにする

2 90度に片膝を曲げたまま、股関節を外側に開いて持ち上げて戻す

後ろから

骨盤を床と水平に保てるのがベスト。体幹と骨盤は動かないように静止させる

✕ 骨盤や体幹が傾くのはNG。傾くということは、お尻の筋ではなく他の筋肉で動かしているということなので注意！

Part
1
トレーニングの考え方

Part
2
傷害予防トレーニング

Part
3
パフォーマンス向上トレーニング

Part
4
クールダウンストレッチ

Part
5
プログラムデザイン

ヒップサークル

1 四つ這い姿勢で開始
する

2 体幹や骨盤を傾けずに
片足を後ろに伸ばす

! 体幹と骨盤は動かないよう
に静止させる

3 外回り方向に大きく円
を描くように股関節を
回して元の位置に戻す

どうして膝のケガは起こるの？

アスレティックトレーナー
山中美和子

一番避けたい前十字靱帯損傷

　ジャンプと着地を繰り返すバレーボールにおいて、膝に関する悩みを抱えている選手は多いでしょう。膝のケガといってもたくさんありますが、本書では膝の前十字靱帯（ACL）損傷を想定したエクササイズを紹介しています。

　なぜなら、アメリカンフットボールやサッカー、バスケットボールなどと比較するとそれほど発生率は高くないものの、前十字靱帯損傷はバレーボール選手においても一定の頻度で発生し、なおかつ競技復帰まで長期のリハビリを要するケガだからです。

　また前十字靱帯損傷に加え起こりやすいケガとして半月板損傷、内側側副靱帯損傷もありますが、この2つは前十字靱帯のケガと似たメカニズムで発生するので、まず前十字靱帯を前提にして予防していけば、その3つともカバーできると考えています。

前十字靱帯はどうして切れる？

　前十字靱帯とは、大腿の骨（大腿骨）からすね（脛骨）の骨に前から後ろにねじれるようについている靱帯です。すねの骨が大腿の骨に対して前に出てしまわないようにストップをかける役割と、膝が捻られないようにストップをかける働きもしています。

　ラグビーやアメリカンフットボールのようなコンタクトスポーツでは、外側からタックルで突っ込まれたりして、膝が内側に入ってしまったときに損傷することも多いのですが、バレーボールでは、着地時に受傷することが圧倒的に多いということがデータ上でわかっています。

　着地の際、どういう体勢になると前十字靱帯が切れてしまうのかというと、膝が股関節、足関節より内側に入ってしまうようなポジションをとってしまったときです。

　前十字靱帯を切ってしまうと、多くの場合、手術が必要となり、復帰までには長いリハビリが必要となります。そうならないように、どのような着地が理想的なのかを知り、ふだんから心がけることが重要です。

　P34〜43で紹介するエクササイズは、着地時に膝が股関節と足関節より内側に入らないようにするという目的を持ち、そのために必要な筋力やバランスを補うものとなっています。バレーボール選手にはジャンパー膝など、慢性的な膝の痛みが多いですが、これらのメニューは前十字靱帯だけでなく、ジャンパー膝のような慢性障害の予防にも有効です。早稲田大学男子バレーボール部でも、トレーニングの中で着地練習には多くの時間を割いています。最終的にはプレー中でも安定した着地ができるようになることが、膝の傷害予防につながるので、トレーニングで安定した着地を身につけたら、プレーの中でも活かせるよう、練習でも意識しながら取り組んでみてください。

●膝関節前十字靱帯（ACL）ってどこの部分？

ACL損傷は手術が必要となることが圧倒的に多いケガです。手術となると長期間、プレーができなくなるため、アスリートにとって最も予防したい膝関節傷害のひとつです。

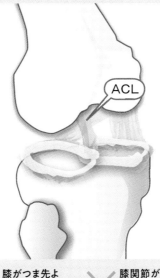

左膝を後ろから見た場合

ACL

外側　　　内側

× 重心が前にかかり、膝がつま先よりも前に出るような着地を繰り返すと、ジャンパー膝の原因となる

× 膝関節が内側に入った姿勢で着地するとACLを損傷するリスクが高まる

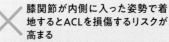

参考文献
Takahashi S, et al. A retrospective study of mechanisms of anterior cruciate ligament injuries in high school basketball, handball, judo, soccer, and volleyball. Medicine (Baltimore). 98(26):e16030. 2019.

ノルディック・ハムストリングス

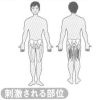

| **目的** | ジャンプからの着地時に素早く、そして強くハムストリングスの伸張性収縮（伸びながら力を発揮する）が起こらないと前十字靭帯損傷のリスクとなる。この種目は膝のケガの予防に効果的で、ハムストリングスの肉離れ予防にも有効だ。 |

刺激される部位
ハムストリングス

回数・セット数　**4〜6**回×**3〜4**セット（強度が高いため低回数で行う）

1
膝立ちになり、パートナー①に膝から下を固定してもらう。胸にチューブを巻き、パートナー②が後方斜め上から引っ張る

パートナー②
パートナー①

Advice

無理は禁物
初心者にとってはかなり強度の高いエクササイズなので、最初から無理をするとハムストリングスの肉離れを起こしてしまうので注意。チューブの硬さを上げることで、負荷を小さくすることができる。写真では両肩に1本ずつチューブをかけて行っている。

Variation

強度をアップ
チューブなしで、2人組で行う。やり方は、チューブタイプと同じ。

2
スピードをコントロールしながら、ゆっくりと上体を前に倒していく

3
床に両手がついたら、すぐに元の体勢に戻る

傷害予防トレーニング 09 片足でも安定した着地動作を獲得する

エアプレーン

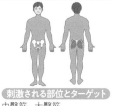

目的 理想の着地は安定した両足着地だが、競技中はバランスを崩した状態で着地することもある。片足着地になったときもバランスを保ち、ケガが発生しやすい動作を回避するための重要なエクササイズとなる。

刺激される部位とターゲット
中臀筋、大臀筋
全身のバランス能力

回数・セット数 左右**10**回×**2**セット

1 片足立ちをし、股関節を曲げ、上体を前に倒す。両手を開いてバランスをとる

2 1の体勢から、飛行機が回旋するときのように体を斜め上に開いて、戻す

後ろから

! 骨盤を開くイメージで行う

! ハムストリングスのストレッチ感を感じたところでストップする

Page 35

35

シングルレッグ・スクワット

刺激される部位とターゲット

中臀筋、大臀筋、ハムストリングス、大腿四頭筋
下肢の協調性（バランス）

目的 膝のケガが発生しやすい姿勢（ニー・イン）を防ぐ、筋力・運動コントロールを身につける。ニー・インを防ぐためには中臀筋や大臀筋が働く必要があり、片足立ちは姿勢を維持するためにそれらの筋がより働きやすくなる。

回数・セット数 左右**10**回×**2**セット

1 片足で立った姿勢から開始する

2 ゆっくり膝を曲げていき、大腿と床が平行になる付近までしゃがんで、スタートポジションに戻る

！ 支えている足の膝が内側に入らないように気をつける

！ 後ろ足のつま先は浮かせたまま

Part
1
トレーニングの考え方

Part
2
傷害予防トレーニング

Part
3
パフォーマンス向上トレーニング

Part
4
クールダウンストレッチ

Part
5
プログラムデザイン

Advice

コーンやポールで
"まっすぐ"を意識

トレーニング初心者の場合、鏡の前でコーンやポールなどまっすぐに立つものを膝の前に置いて、膝から下をそろえるようにしてしゃがむと、正しいフォームを意識できる。

膝が内側に入ってしまうとケガの要因となるので、注意する

Variation

難易度ダウン

どうしても膝が内側に入ってしまう場合には、その状態で繰り返し行うのではなく、まずは椅子や手すりなどをサポートにして負荷を軽減し、膝が内側に入ることのないフォームで行う。

シングルレッグ・外側後方リーチ

| 目的 | 片足で立ち、浮いている足を外側後方へリーチしよう（伸ばそう）とすると、支えている足のお尻の筋（とくに中臀筋）が伸びながら力を発揮して動作をコントロールする必要がある。これは安定した着地をするのにとても重要な要素となる。 |

刺激される部位とターゲット

中臀筋、大臀筋、ハムストリングス
下肢の協調性（バランス）

回数・セット数　左右**10**回×**2**セット

 片足で立った姿勢で、浮いている足の股関節・膝関節は90度に曲げる

2 支えている足で片足スクワットをするように重心を下げると同時に、浮いている足を後ろ外側方向へ伸ばしていく

! 支えている足の膝が内側に入らないように気をつける

上体が倒れてしまう

膝が内側に入ってしまう

（横から）

3 動作をコントロールできる範囲で、できるだけ遠くまでリーチし、スタートポジションに戻る

Variation

難易度ダウン

シングルレッグ・スクワットと同様に、膝が内側に入ってしまう場合には、椅子や手すりをサポートにして負荷を軽くして行う。

ランディング

目的 前十字靭帯や半月板損傷などの外傷や脛骨（すねの骨）の疲労骨折などの障害を防ぐために、スクワットのような姿勢で（筋のコントロールによって）柔らかく力を吸収し、着地する練習が重要となる。

回数・セット数 きれいな着地を**5**回×十分なレスト（1〜2分程度）をとって**2**セット

刺激される部位とターゲット
下肢の運動コントロール

1 ボックスなどの段差のあるところにのる

2 ボックスから下り、両足で着地する

! ボックスの高さは30〜45センチ程度から開始する

! 床にぶつかるように「ドン!」と着地するのではなく、柔らかく、なるべく音をたてずに下りる

骨盤が後傾し、
腰が丸まって
いる

着地の瞬間に膝
が内側に入る

着地の際、つま先に
（前方に）重心がか
かると膝の慢性障害
のリスクとなる

Part
1
トレーニングの考え方

Part
2
傷害予防トレーニング

Part
3
パフォーマンス向上
トレーニング

Part
4
クールダウンストレッチ

Part
5
プログラムデザイン

Variation

難易度アップ
台からまっすぐに下り
るランディングが安定
してできるようになっ
たら、今度は体を捻り
ながら下りて、90度回
ったところで着地する。
反対側も同様に行う。

（正面から）

！ 膝が内側に入ら
ないことを意識し、
スクワットの姿勢
で着地する

サイドジャンプからのランディング

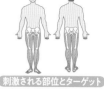

刺激される部位とターゲット
下肢の運動コントロール

目的 バレーボールでは、ネット際で横方向への移動の直後にブロックジャンプするという場面がよく見られる。着地の際の傷害を防ぐために、横への移動を伴う着地練習も重要。足関節捻挫予防にも有効となる。

回数・セット数 きれいな着地を左右**5〜10**回ずつ

1 片足で立ち、スクワット姿勢のような膝を曲げた状態でスタートする

！ 着地のときに体が勢いにより左右に流れないことを意識する

✕ 着地時に膝が内側に入っていたり、サイドジャンプによる横方向への勢いを制御できなかったりすると、着地したあとにフラつくことも。すると上体が勢いによって流れてしまうので注意

このプレーに
つながる

サイド移動したあとのブロックジャンプは、片足着地になりやすい。そのようなときでも安定した着地ができるようになる

Part
1 トレーニングの考え方

Part
2 傷害予防トレーニング

Part
3 パフォーマンス向上トレーニング

Part
4 クールダウンストレッチ

Part
5 プログラムデザイン

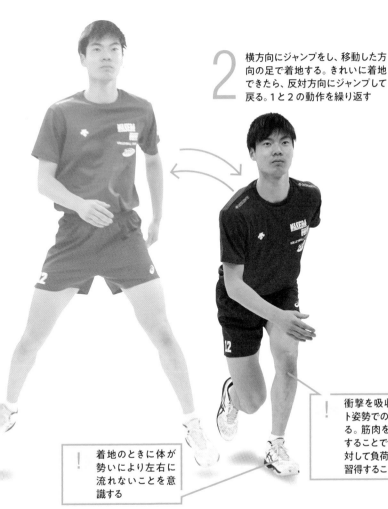

2 横方向にジャンプをし、移動した方向の足で着地する。きれいに着地できたら、反対方向にジャンプして戻る。1と2の動作を繰り返す

! 衝撃を吸収し、スクワット姿勢での着地を心がける。筋肉をコントロールすることで、関節や骨に対して負荷の低い着地を習得することができる

! 着地のときに体が勢いにより左右に流れないことを意識する

どうして肩痛は起こるの？

理学療法士
村本勇貴

肩にケガが生じる原因

アウトサイドヒッターやオポジットに代表されるスパイカーは、スパイク、サーブなどの動作を年間で2万回程度繰り返すといわれています。そのため、誤ったフォームでスパイクを繰り返すと、肩に痛みが生じやすくなってしまいます。

誤ったフォームの特徴としては、肘が下がった位置でボールを捉えることです（図1）。肘が下がった位置では、肩を捻る動作をメインに打つため、肩関節の骨が擦れることで生じるインピンジメント症候群（＊1）や、筋肉が伸ばされることで生じる腱板炎（＊2）などの、肩の傷害につながります。

また、この位置で打つことは、いわゆる「手打ち」と呼ばれ、体全体の捻りを使えず力が十分にボールに伝わらないと考えられます。

＊1：インピンジメント症候群とは、上腕骨と肩峰が衝突し、炎症などの痛みが生じること。
＊2：腱板炎とは、肩のインナーマッスルである腱板（ローテーターカフ）が、引き伸ばされて炎症が起こること。

肩への負担を少なくする方法は？

肩に負担が少なく打てる位置は、ゼロポジションと呼ばれています（図3）。ゼロポジションとは、肩甲棘（肩甲骨の一部）と上腕が一直線で並ぶ位置のことをいいます。ゼロポジションでは、ローテーターカフが働きやすくなるため、肩に負担が少ない状態でスパイクやサーブが打てるといわれています（図2）。また、体全体の捻りも使いやすいため、力強いスパイクを打てる位置と考えられています。

ローテーターカフは、棘上筋、棘下筋、小円筋、肩甲下筋で構成されている筋群です（図4）。ローテーターカフの働きは上腕骨と肩甲骨を安定させ、上腕骨と肩峰の衝突を防ぐことです。

バレーボール選手は、「ペッコリ肩」と呼ばれる、ローテーターカフの筋肉のひとつである棘下筋の萎縮が起こりやすいといわれています。そのため、肩関節が不安定になり、上腕骨と肩峰で衝突が起こりやすくなっています。

またバレーボール選手の肩に生じる傷害を改善、予防するためには、ローテーターカフの筋力トレーニングに加えて、肩甲骨の機能と体を捻る動作を改善することが重要です。そうすることで、肩のみを捻る動作を改善し、肩関節にかかる負担を減らすことができます。

ここから（P46〜51）は肩関節をテーマに、ローテーターカフのエクササイズに加えて、肩甲骨のエクササイズと体を捻るエクササイズを紹介します。

●肩関節の傷害とエクササイズのポイント

図①肩に負担がかかりやすいフォーム

肩よりも肘が下がった位置でボールを捉えると、肩に負担がかかる

図②肩に負担がかかりにくいフォーム

肩甲骨の線上に肘がくることで肩に負担をかけずにスパイクを打つことができる

図③ゼロポジション

ゼロポジションとは、肩甲骨と上腕が一直線で並ぶ位置のこと。ローテーターカフが働き、肩が安定するため負担が少なくなる

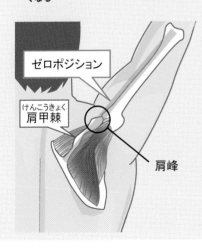

ゼロポジション

けんこうきょく
肩甲棘

肩峰

図④ローテーターカフの働き

ローテーターカフは、上腕骨と肩甲骨をつなぐ、棘上筋、棘下筋、小円筋、肩甲下筋で構成される。これらの筋が共働することで、上腕骨を肩甲骨に引きつける（ここでは主に以下の3つの筋を扱う）

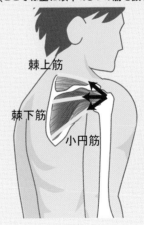

棘上筋

棘下筋

小円筋

胸椎伸展ストレッチ

目的 広背筋、大胸筋の柔軟性を改善し、胸椎を伸展（反らす）できる範囲を広げるエクササイズ。胸椎の可動域を広げることで、スパイクを打つ際の肩にかかるストレスを減らす。肩を後ろに引く動作が痛い選手にはとくにおすすめ。

回数・セット数 10回×3セット

刺激される部位とターゲット
広背筋
大胸筋の柔軟性改善、胸椎
伸展可動域の増加

1 両肘で柔らかいボールを挟み、胸椎をできるだけ丸めた状態から開始する

! 腹筋に力を入れて、腰を反らないように注意する

2 両肘を上げながら、胸椎をできるだけ伸ばして戻す

! 胸椎をしっかり伸ばすためには、肘が顔の高さを越えるようにする。そうすることで背中の筋肉が柔らかくなる

! 胸を張るように

✕ 腰を反らしてしまうと、腰を痛める原因になってしまう

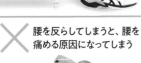

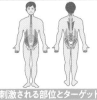

傷害予防トレーニング ⑮ 肩へのストレスを軽減する

ソラックローテーション

目的 スパイクを打つ際の肩にかかるストレスを減らすエクササイズ。腹斜筋の柔軟性を改善し、胸椎を回旋できる範囲を広げる。P46の胸椎伸展ストレッチと同様、スパイクを打つ際に、肩を後ろに引く動作が痛い選手にはおすすめだ。

刺激される部位とターゲット
僧帽筋下部
腹斜筋の柔軟性改善、胸椎
回旋の可動域増加

回数・セット数 左右**10**回×**3**セット

 四つ這いで、一方の手を後頭部に回し、他方の手は肩の真下に置いた状態から開始する

 胸椎をしっかり回旋するために、地面についた手と、反対側の肘が一直線になるまで胸を開いて戻す

✕ 腰を捻るのはNG。腰を痛める原因になるので注意

正面から

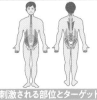

ゼロポジション肩関節外旋エクササイズ

目的 肩のローテーターカフ（インナーマッスル）を、実際にスパイクを打つ腕の角度で鍛える。肩の傷害を予防する効果があるほか、スパイクなどで手をボールにヒットした際に痛みが生じる選手は積極的に行うとよい。

回数・セット数 左右**10**回×**3**セット

刺激される部位
肩のローテーターカフ（とくに棘下筋、小円筋）

1 うつ伏せになり、チューブを持って、片側の肩を開いていく。肩は肩甲骨と一直線のゼロポジションになり、肘を90度曲げた状態から開始する

（真上から）

90°

! 肘の角度は90度を維持。動作中もこの角度のままで行う

Part
1
トレーニングの考え方

Part
2
傷害予防トレーニング

Part
3
パフォーマンス向上トレーニング

Part
4
クールダウン・ストレッチ

Part
5
プログラムデザイン

Variation

難易度ダウン

最初はチューブなしでもOK。動きに慣れてきたらチューブを持って強度を上げていく。

✕ 肩を開く角度が狭くなってしまうのはNG。45度をキープするように

2 肩を開く角度は地面に対して45度以上を目指し、可能ならなるべく開く。1、2を繰り返す

45°

（真上から）

! 肩の後ろについている筋肉を使っていることを意識する

L・W・Yエクササイズ

目的 腕の形をL・W・Yの字にして、僧帽筋の上・中・下部を鍛えるエクササイズ。P48〜49で紹介した肩のローテーターカフと一緒に鍛えることでより効果が発揮される。また肩痛予防にも有効となる。

刺激される部位
僧帽筋上・中・下部

回数・セット数 **10**回×**3**セット

1 チューブを両手で持ち、脇を締めた状態で肘を90度に曲げ、肩甲骨をしっかり開くイメージで体の横に腕を開く(Lのポーズ)

2 Lのポーズから、両肘を少し上げ、両腕を外側に開き、肩甲骨を寄せられるところまで寄せる(Wのポーズ)

3 Wのポーズから両腕を背中側に引いたまま、両肘を伸ばしながら上げる(Yのポーズ)

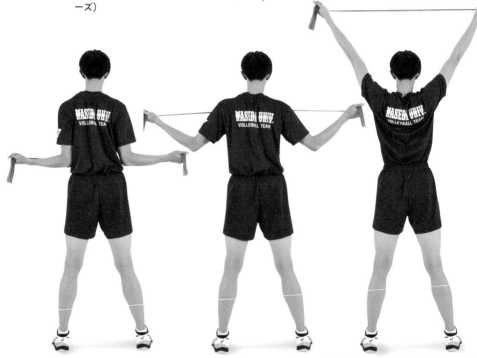

Advice

段階を踏んで行う

初めて行う場合は負荷なしでもOK。動きに慣れてきたら写真のようなチューブ、さらに難易度を上げたい場合は、1キロ程度の重りを持ってやってみよう。

Yのポーズのときに首をすくめてしまうと、首を痛めるため注意する

傷害予防トレーニング **18** 肩甲骨を押し出す力を鍛える

肩甲骨プッシュアップ

目的 両肘で地面を押すことで、肩甲骨が押し出され、前鋸筋が鍛えられる。つまりボールを押す力が増すので、力強いスパイクが打てるようになる。パワーアップしたい人にはおすすめのエクササイズとなる。

刺激される部位
前鋸筋、腹筋群

回数・セット数 **10**回×**3**セット

---

1 うつ伏せになり、両肘を
肩幅に開き、肘立て伏せ
の姿勢になる

2 両肘で地面を押しながら、
体が床と水平になるまで
持ち上げて戻す

| ! 肘は肩の真下に置く

× 腹筋と前鋸筋が同時に働か
ないと、腰が反る動作になっ
てしまい、腰を痛めてしまう

どうして足首を痛めるの？

理学療法士 村本勇貴

「たかが捻挫」とは考えないで!

バレーボール選手に限らず、足関節の捻挫はスポーツ選手に生じやすい代表的な傷害です。「たかが捻挫」と受傷後に医療機関を受診せず、不完全な状態のまま復帰している選手が多いのが現状だと思います。

しかし捻挫後に足関節の可動域や、筋力を十分に回復させずに復帰すると、捻挫を繰り返す不安定な足首の状態につながりやすくなります。捻挫後の選手は、足首がグラグラな不安定な状態でバレーボールを行うことになるのです。そのため、膝や腰などの他の部分にも負担がかかり、膝前十字靭帯損傷や腰痛の原因にもなりかねません。

捻挫は、ブロック、スパイク、サーブの着地で足関節が内側に捻られて受傷することが多いです（図1）。足関節が内側に捻られることで、足関節の外側についている前距腓靭帯と呼ばれる靭帯が傷つき、不安定な状態になってしまいます（図2）。

足関節が不安定になるため、ブロックの際や、素早く切り返す際などに横方向に動くことが苦手になる選手が多くなります。

さらに、蹴り出し、着地の際に親指側の母趾球でなく小指側の小趾球側に体重がかかりやすくなるため、ジャンプやダッシュのときに爆発的な力が出ずに、跳躍力などのパフォーマンス低下が起きてしまうことが多いです。また、小趾球側に体重がのりやすくなっているため、捻挫を繰り返してしまうことが多いとされています。

捻挫から復帰、予防するために必要なエクササイズは？

捻挫後に復帰、再発を予防するためには、腓骨筋と呼ばれる足関節の外側についている筋肉を鍛えることが重要です。腓骨筋は、足関節を外方向に持ち上げる作用があります。そのため、腓骨筋を鍛えることで、横方向への安定性が向上します（図3）。

捻挫後は、足首がグラグラになり、小趾側にバランスを崩しやすくなっていることが多いため、母趾球で踏み込む練習や横方向へ蹴り出す練習も必要となります。

本書を読まれた選手や指導者の方には、捻挫を「たかが捻挫」と思わず、このあとの足関節がテーマのページ（P54〜59）に書かれている捻挫予防に加えて、復帰に向けて必要なエクササイズを実践していただきたいと思います。

●足関節の傷害とエクササイズのポイント

図① 捻挫のシーン

ブロックの着地などで、失敗して捻挫をしてしまうことが多い。写真にあるように小趾球側に体重がのりやすくなっていると繰り返すため、注意が必要

*小趾球とは小指の付け根のふくらんだ部分。親指の付け根のふくらんだ部分は母趾球

図② 捻挫

足関節が内側に捻られることで、前距腓靭帯が引っ張られる。ストレスに耐えられる強度を超えると、靭帯が損傷し、足関節が不安定になる

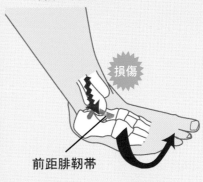

損傷

前距腓靭帯

図③ 腓骨筋の働き

腓骨筋の作用は、足関節を外側に引っ張ることである。腓骨筋が働くことで、横方向への安定性を向上させる

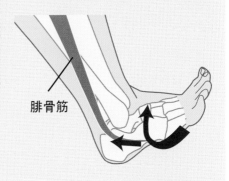

腓骨筋

Part
1
トレーニングの考え方

Part
2
傷害予防トレーニング

Part
3
パフォーマンス向上トレーニング

Part
4
クールダウンストレッチ

Part
5
プログラムデザイン

背屈モビライゼーション

刺激される部位とターゲット
足関節の柔軟性(とくに背屈
の可動域)

目的 足関節の柔軟性、とくに足首の背屈(すねと足首を近づける動作)を改善する
エクササイズ。足首が硬いと膝のケガを起こしやすく、また適切なスクワット動作
ができないため、膝が痛い選手も行うようにするとよい。

時間・セット数 左右**20**秒×**3**セット

1 片膝立ちの姿勢になり、チューブをくるぶしの下にかける。パートナーにチューブを持ってもらった状態から開始する

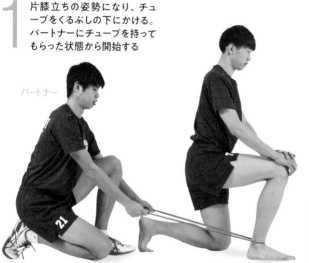

パートナー

✕ 膝が内側に倒れてしまうのはNG

2 膝とつま先の向きを同じにして、膝を前方に出して20秒間キープして戻る

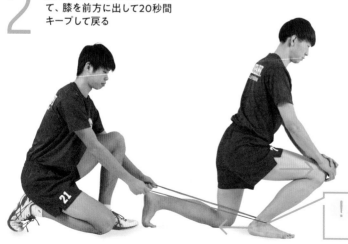

! すねの倒れる角度が45度以上になることを目標にする

母趾球での蹴り出し

目的 母趾球（親指の付け根部分）で蹴り出すことで、ふくらはぎの筋肉が動員され、とくに前方への推進力が鍛えられる。捻挫を繰り返す選手は、母趾球に体重がのせられなくなっていることが多いため、積極的に取り組もう。

刺激される部位
腓腹筋、腓骨筋

回数・セット数 左右**10**回×**3**セット

1 チューブを足の親指の付け根部分で踏む。壁に両手をついて寄りかかり、膝を少し曲げて片足立ちとなる。母趾球に体重をかけた姿勢で開始する

✕ 足を上げたとき（2の動作）に後ろ足の膝が曲がってしまうのはNG

2 チューブを踏んでいるほうの膝を伸ばし、足首を使って体を持ち上げて戻す

! 体をまっすぐにすることを意識する

! 膝を伸ばすのと同時に、母趾球で地面を押す

v a r i a t i o n

難易度ダウン
はじめは両足でチューブを踏んで、足首を使って体を持ち上げる動作から。慣れてきたら片足で行うようにする。

腓骨筋エクササイズ

目的 横方向への蹴り出しを鍛えることで、切り返しやサイドステップの能力向上を促すエクササイズとなる。捻挫後や、横方向への動きに不安がある選手は行うようにするとよい。

刺激される部位
腓骨筋

回数・セット数 左右**10**回×**3**セット

1 座った状態で、肩幅程度に両足を開く。足首の外側にチューブをかけて、足首が内側に引っ張られる抵抗をかける

2 1の状態からチューブの抵抗に負けないように、足首だけ外側に開いて戻す

✕ 膝も一緒に外に開いてしまう

! 小指側が地面から浮き、足の裏が見えるようにする

Advice

すねの外側の筋肉が疲れていればOK
エクササイズが正しく行えているかの判断として、すねの外側の筋肉が疲れてきたら、腓骨筋が使えている証拠。

variation

難易度ダウン
初心者は負荷なしで行い、動きに慣れてきたらチューブを使って行う。

片足バランス

刺激される部位とターゲット
バランス機能

目的 片足で立つことで、バランス能力を鍛えるエクササイズ。バランス機能の低下は、足首の捻挫や、下肢の傷害と関連するため鍛えておく必要がある。

時間・セット数 左右の各ポーズごとに**1**分間

ポーズ❶ 正面
片足で立ち、反対側の足の膝を90度曲げて浮かせて1分間キープする

ポーズ❷ 内側
片足で立ち、反対側の足の膝を90度曲げて浮かせた状態から内側にクロスさせて1分間キープする

ポーズ❸ 外側
片足で立ち、反対側の足の膝を90度曲げて浮かせた状態から外側に開いて1分間キープする

! 体がふらついたり、体幹が斜めになったりしないように注意する

variation

難易度アップ❷
左右の足で安定してできるようになったら、バランスディスクなどの上で行う。

variation

難易度アップ❶
1、2、3のポーズを、目を閉じて行う。

エイトダイレクションホップ

刺激される部位
腓腹筋、腓骨筋

目的 足首の筋肉の力を動員し、前後、左右に素早く動く能力を鍛えるエクササイズ。8方向に素早くジャンプすることで、切り返し能力を高める。足首の捻挫や、着地の失敗による下肢の傷害を予防する。

回数・セット数 時計まわり、反時計まわりを交互に。左右**5**往復×**2〜3**セット

片足で立ち、クォータースクワットの姿勢でスタートさせる。そのまま8分割されたポイントに対し小刻みにジャンプと着地を繰り返し、時計まわり、反時計まわりを交互に行う

! 毎回の着地時に体幹が斜めになったり、膝が内側に入ったりしないようにする

Part
1
トレーニングの考え方

Part
2
傷害予防トレーニング

Part
3
パフォーマンス向上
トレーニング

Part
4
クールダウンストレッチ

Part
5
プログラムデザイン

Advice

タイムを測定しておく

タイムを測ることで左右差を比較できるだけでなく、捻挫や下肢傷害のあと、復帰するときの参考となる。シーズン前に測定し、記録しておこう。

✕ 枠から大きくはみ出して着地してしまう。つまり自分の意図したところに足をつくことができていないということ

足をつくポイント

反時計まわりの場合

ベストパフォーマンスを発揮するための食事

公認スポーツ栄養士／管理栄養士 岡本香

「これを食べれば試合に勝てる！」という魔法の食べ物は残念ながらありません。そのため、試合でベストパフォーマンスを発揮するためには、試合直前だけ栄養を意識するのではなく、日々の積み重ねが大切です。基本は「アスリートの食事の基本形」（P16コラム参照）をそろえましょう。

試合前の食事のポイントは、試合日程に合わせてエネルギー源を蓄えておくことです。筋肉や脳を動かすエネルギー源となる糖質は、筋肉と肝臓に蓄えられます。しかし、蓄えられる量には限りがあります。試合当日は、消化吸収の時間を考慮し、試合の3〜4時間前までに糖質中心の食事をとり、体内の貯蔵量を高めておくことがポイントです。その後は、自分の体調や状況に合わせて、糖質豊富な補食（おにぎりやカステラ、バナナ、エネルギーゼリー、100％果汁ジュースなど）を活用しましょう。

バレーボールの試合は、サッカーやバスケットボールとは異なり、試合時間が決まっていないため、試合展開により前の試合が長引いて開始時間が変更になったり、1日に複数の試合があったりして、理想的なタイミングで食事がとれないことも少なく

ありません。その場合にも対応できるよう糖質豊富な補食を用意しておくことをおすすめします。重要な試合でベストパフォーマンスを発揮するために、練習試合などで自分に合った栄養補給方法を見つけておくとよいでしょう。

また、試合前日や当日に注意したい点は、消化に時間がかかるトンカツや唐揚げなどの油っぽい料理や、刺身などの生ものを避けることです。腸内でガスを発生させやすい食物繊維の多いごぼうやきのこ、豆類も控えるとよいでしょう。食べ物の消化吸収には個人差があり、緊張度合いによって消化に時間がかかることもありますので、自分の体の状態と相談しながら食べるようにしましょう。

それと同時に水分補給も忘れずにこまめな摂取を心がけましょう。体が脱水してしまうと、パフォーマンスが低下することが報告されています（＊1）。筋肉がつる原因はいくつかありますが、そのひとつに汗からミネラルが失われることが考えられます。そのため、ミネラルとエネルギー源となる糖質を含んでいるスポーツドリンクが、試合時におすすめです。

試合当日の食事・補食スケジュール

3〜4時間前	2〜3時間前	1時間以内	試合	試合後
		水分補給		
糖質中心の食事	糖質中心の補食*	比較的消化が早い補食*	試合中	次の試合
ごはん、うどんなどを中心とした食事、果物や100％果汁ジュースなど	おにぎり、カステラ、あんぱん、バナナなど	バナナ、エネルギーゼリー、100％果汁ジュースなど	スポーツドリンク、エネルギーゼリーなど	【ある場合】速やかに糖質補給【ない場合】「アスリートの基本形」を意識した消化のよい食事

＊補食は必ず食べる必要はありません。体調や状況により食べる内容や量はコントロールしましょう。

参考文献：＊1 Coyle EF. Fluid and fuel intake during exercise. J Sports Sci. 22:39-55,2004

Part

パフォーマンス向上トレーニング

パフォーマンスを向上させるためには、
技術練習のほかに計画的にトレーニングしていくことが必要です。
適切な姿勢、適切なフォームを意識し、
バレーボールに合った動きを身につけることが、
その先にあるパフォーマンスの向上につながっていきます。

自体重スクワット

目的 使う筋肉がほぼ同じため、スクワットはジャンプのための基本種目となる。着地時に適切なスクワット姿勢がとれないとケガをしてしまう可能性がある。筋肉を鍛えるだけでなく、バレーの基本に活かすための動作、姿勢を獲得しよう。

刺激される部位
大臀筋、大腿四頭筋、ハムストリングス、体幹筋群

回数・セット数 **8〜12**回×**2〜3**セット（新入生や初めて取り組む選手に対して）

1 足の幅は肩幅かやや広く構えて立つ

2 お尻を後ろに引いてから膝を曲げていき、太腿が床と平行になるまで下がる。反動を使わずに切り返して、同じ姿勢のまま上がる

正面から

! しゃがむ角度が浅いと、お尻に効きにくい

つま先をやや外側に向ける。膝はつま先の方向と合わせる

! 背中や腰を丸めない。背中のラインとすねのラインが同じような角度となるように

! 足幅が狭いと、膝が前に出やすくなるので注意。正しくない動きにつながる

このプレーに
つながる

スパイク時のジャンプの離地や着地、レシーブ姿勢など、バレーの基本に活かすための動作、姿勢を獲得するためにスクワット姿勢はとても大事。膝や腰のケガをしないための安定したスクワット動作を覚えよう!

膝が内側に入ってしまう

膝が外側を向いてしまう

お尻を後ろに引けず、膝が前に移動してしまう

Advice

背が高い選手は例外

身長が高い選手や太腿の骨が長い選手は、お尻を後ろに引いても、膝が前に出てしまう。この場合は、膝の位置よりも、お尻を後ろに引けているかに注目しよう。このような選手にとっては、膝が前に出ることは悪いことではない。

ポールスクワット（自体重）

目的 スクワットをしたことのない選手にとっては、お尻の引き方がよくわからない場合がある。この種目はお尻を後ろに引き、股関節を使うことで、適切な動作パターンをつくるエクササイズとなっている。

刺激される部位
大臀筋、大腿四頭筋、ハムストリングス

回数・セット数 **8〜12**回×**3〜5**セット（新入生や初めて取り組む選手に対して）

1 パートナーにまっすぐなポールなどを持ってもらい、背中付近の高さでポールを両手でつかむ。足の幅は肩幅かやや広く構えて立つ（スクワット姿勢と同じ）

2 ポールにつかまったまま、お尻を後ろに引き、体重を後ろにかけながら、大腿が床と平行になるまで下がる。反動を使わずに切り返して、同じ姿勢のまま上がる

！ 背中や腰を丸めない。背中のラインとすねのラインが同じような角度となるように

大腿が床と平行になるように

ゴブレットスクワット

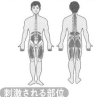

刺激される部位
大臀筋、大腿四頭筋、ハムストリングス、体幹筋群

目的 お尻を引く動作を覚えたらゴブレットスクワットにレベルアップする。重りを使ったスクワットの中では取り入れやすい種目となる。胸を張った姿勢を意識し、体幹部を安定させ、レシーブ姿勢やP66〜69のバーベルスクワットにつなげる。

回数・セット数 **8〜12**回×**3〜5**セット（新入生や胸を張ることが苦手な選手に対して）

1 足の幅は肩幅かやや広く構えて立つ（スクワット姿勢と同じ）。ダンベルを地面に対し垂直になるように持つ（丸い面が真上を向いている状態）

2 大腿が床と平行になるまで下がる。反動を使わずに切り返して、同じ姿勢のまま上がる

! 肩甲骨を寄せ、胸を張った状態を意識して下がる

! ダンベルの丸い部分がずっと真上を向くよう意識

! 胸がずっと正面を向いたままになるように意識

✕ 胸が張れず、ダンベルの方向が変わる

バーベルフロントスクワット

目的 P65のゴブレットスクワットを覚えたら、レベルアップをする。バーベルを前方に担ぐため、より胸を張る必要がある分、背部の筋肉をより使う。とくにレシーブの胸を張る姿勢、そしてP82のハングクリーンのキャッチ姿勢に役立つ。

刺激される部位
大臀筋、大腿四頭筋、ハムストリングス、体幹筋群

回数・セット数 **6～12**回×**3～5**セット（筋肥大期）

1

足の幅は肩幅かやや広く構えて立つ（スクワットのスタートポジションと同じ姿勢）。肩幅よりやや広い幅でバーベルを握る。腕を前方に回して、肩の前の筋肉と鎖骨の上にバーベルをのせる

筋力期	3～6回×3～5セット	
パワー期	2～5回×3～5セット	
試合期	3～6回×2～3セット	
ピーキング期	1～3回×1～3セット	

＊期分けについてはP159を参照

! グリップの位置は、肩のやや上か、やや外側にする

! 適切な姿勢がとれたら、バーベルの下に手を置き、指でバーベルを押さえる

! 上腕が床と平行になるように肘を上げる

Advice

バーベルの重さ
自分に合った重量で行おう。個人差が大きく重量をはっきり言えないが、初心者の場合は、20～50キロから試すのがいい。

肘を前方に上げられずに、膝が前方に動いてしまう

難易度ダウン
バーベルの握り方が難しければ、ダンベルに置き換えて行う。

2 胸を張った状態を意識して、太腿が床と平行になるまで下がる。反動を使わずに、切り返して同じ姿勢のまま上がる

パフォーマンス向上トレーニング 05 下半身の筋力向上、あらゆるプレーの土台となる動作をつくる

バーベルバックスクワット

目的 これまでのスクワットで姿勢や動作を覚えたら、バーベルを担ぎ、重量をかけることで下半身の筋力を向上させる。ジャンプにつながる下半身を伸ばす（伸展）大きな筋肉であるお尻、太腿の筋力を鍛える。

刺激される部位
大臀筋、大腿四頭筋、ハムストリングス、体幹筋群

回数・セット数 6〜12回×3〜5セット（筋肥大期）

1 足の幅は肩幅かやや広く構えて立つ（スクワットのスタートポジションと同じ姿勢）。肩幅よりやや広い幅でバーベルを握る。肩甲骨を寄せて胸を張り、体幹を安定させる。肘を上げて上背部と肩の筋肉で棚をつくり、そこにバーベルをのせる

筋力期	3〜6回×3〜5セット
パワー期	2〜5回×3〜5セット
試合期	3〜6回×2〜3セット
ピーキング期	1〜3回×1〜3セット

猫背になってしまう　　　　　　　上体が倒れてしまう

Part
1
トレーニングの考え方

Part
2
傷害予防トレーニング

Part
3
パフォーマンス向上トレーニング

Part
4
クールダウンストレッチ

Part
5
プログラムデザイン

2

胸を張った状態を意識して太腿が床と平行になるところまで下がる。反動を使わずに切り返して、同じ姿勢のまま上がる

！ 勢いよくではなく、動作をコントロールしながら下がる

Advice

適切な重さを心がける
自体重スクワットでできた動作がバックスクワットでできない場合は、重量が重すぎる可能性があるので、自分に合った重さで正しい動作を重視する。

デッドリフト

目的 スクワットは上から下への動きから始まるが、デッドリフトは下から開始する。開始姿勢で猫背になってしまうことが多く、それが腰痛につながる。腰や胸をしっかり張ることで、腰痛予防に役立つ。

刺激される部位
大臀筋、大腿四頭筋、ハムストリングス、脊柱起立筋群

回数・セット数 **6〜12**回×**3〜5**セット（筋肥大期）

1 足の幅を肩幅かやや広くして、大腿が床と平行になるところまで腰を落とす。膝はつま先の方向と合わせ、肩幅よりやや広い幅でバーベルを握る。肩甲骨を寄せて胸を張り、体幹を安定させる

2 バーベルをすねに沿うように引き上げていく。バーベルが膝を越えるまでは体幹の角度を一定にする

筋力期	3〜6回×3〜5セット
パワー期	2〜5回×3〜5セット
試合期	3〜6回×2〜3セット
ピーキング期	1〜3回×1〜3セット

Advice

ボックスを使う

スタートで適切な姿勢がとれない場合は、ボックスなどを使い、ちょうどよい高さを見つける。

腰が曲がった状態で上がってしまう

お尻から先に上がってしまう

3 バーベルが膝を越えたら、体幹を起こしていく。下げていくときも同様の姿勢を維持する

Variation

ダンベルを使う

バーベルがない場合などは、ダンベルに置き換えて行うことができる。

Advice

高重量のときは腰に要注意

高重量で行うときは、腰痛に注意する。とくに背筋が丸くなると危険。

ルーマニアンデッドリフト (RDL)

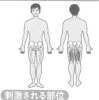

刺激される部位
ハムストリングス

目的 股関節の伸展を強化する。この動きができずに腰痛を起こし、効率的に下半身の力を発揮できないことがある。スクワットのお尻を引く動作ができない人にも有効。また柔軟性を改善することもできる。

回数・セット数 **6~12**回×**3~5**セット（筋肥大期）

1

足の幅は腰幅から肩幅程度に構える

2

膝を少し曲げ（15度程度）、胸を張る。手は太腿に置く。お尻を後ろに引きながら上体を前に倒していく

！ 肩甲骨を寄せるイメージを持つ

！ つま先は正面

後ろから

肩甲骨をしっかり寄せる

筋力期	5〜8回×3〜5セット
パワー期	5〜8回×3〜5セット
試合期	5〜8回×2〜3セット
ピーキング期	5〜8回×1〜3セット

膝が曲がりすぎてしまい、スクワットのような動きになってしまう

無理に動く範囲を広くしようとして、猫背になってしまう

3 太腿の裏の伸びを感じたら、上に戻す

! お尻を後ろに引くことを「ヒンジ動作」という

! 個人の柔軟性によっては、手の位置がすね付近の人もいれば、地面につく人もいる

Variation

バーベル（ダンベル）ルーマニアンデッドリフト

動きに慣れてきたら、ダンベルやバーベルなどウエイトを使ってレベルアップする。負荷がかかっても、肩甲骨を寄せるイメージを忘れずに。

Advice

適切なフォームが大事

動く範囲が広くなくても、適切なフォームでできる範囲でしっかり行うことを意識する。

ダンベルスイング

目的 P72のRDLが適切にできるようになったら、この種目を行う。ヒンジ動作をより高速で行い、瞬発力を養う。ハムストリングスの肉離れや腰痛予防にもつながる。またP82、84のハングクリーン・スナッチの導入としても使うことができる。

刺激される部位
ハムストリングス、大臀筋、大腿四頭筋

回数・セット数 8〜12回×3〜5セット（筋肥大期）

1 足の幅は腰幅から肩幅程度に構え、ダンベルを足の間に持つ

2 膝を少し曲げ（15度程度）、ヒンジ動作をしてダンベルを足の間に振り下ろす。お尻の位置を越えたら、RDLの切り返しのようにして、素早く体を上方へ切り返す

! 体幹が床とほぼ平行になり、ダンベルがお尻を越えるまで後方へ振る

! 膝は15度程度曲げる

筋力期	5〜8回×3〜5セット
パワー期	5〜8回×3〜5セット
試合期	5〜8回×2〜3セット
ピーキング期	5〜8回×1〜3セット

× 膝が曲がりすぎてしまい、スクワットのような動きになってしまう

無理に動く範囲を広くしようとして、猫背になってしまう

3 その勢いでダンベルを目の高さまで振り上げる。目の高さまで引き上げたら、2、3の動作を繰り返す

Advice

適切なフォームが大事
ルーマニアンデッドリフトの動きを意識しながら行う。動く範囲が広くなくても、適切なフォームでできる範囲でしっかり行うことが重要となる。

スクワットジャンプ

目的 ジャンプにもたくさんの種目があるが、基本はスクワットジャンプとなる。まずはこの種目を覚え、さまざまな動きのジャンプにつなげていく。

刺激される部位
ハムストリングス、大臀筋、大腿四頭筋、下腿三頭筋

回数・セット数 **3**～**6**回×**3**～**5**セット（年間を通じて）

1
手を腰に置き、ハーフスクワットの姿勢で立つ

2
その姿勢から垂直ジャンプする

3
適切なハーフスクワット姿勢で着地する

> **！** 跳んだら、体がまっすぐに伸びるように、ハムストリングスとお尻を締め上げるようにする

Variation

連続ジャンプ
スムーズに跳べるようになったら、連続で跳んでみる。連続で跳ぶときの注意としては、素早くしゃがみ、動作を上方へ切り返すこと。姿勢が乱れてしまう場合は、ゆっくりと跳ぶようにする。

ジャンプしたときの最高点で股関節が曲がったままになっている

着地の際に猫背になってしまう

着地の際に膝が内側に入ってしまい、膝を痛める可能性がある

着地の際にお尻を後ろに引けず、膝が前に移動してしまう。膝を痛める可能性がある

Variation

カウンタームーブメントジャンプ

腕を後方に大きく振り、ジャンプの際に大きく腕を振り上げる。このとき釣り竿で腕が上に引っ張られるイメージで行う。

デプスジャンプ

刺激される部位
ハムストリングス、大臀筋、大腿四頭筋、下腿三頭筋

目的 ジャンプやスプリント、方向転換における接地時間を短縮する種目。床からの反発力を利用して素早く跳べるようにする。ほかのジャンプ種目よりも強度が高いので、スクワットやジャンプ種目ができるようになってから行う。

回数・セット数 **3〜6**回×**3〜5**セット（年間を通じて／1回ごとに休息10秒ほど）

1 15〜45センチほどのボックスの上に立つ

2 片足を前に出し、地面に下りていく

× 着地の際に膝が前に
出てしまい、股関節が
使えていない

ジャンプの際に前
に跳んでしまう

3 着地の瞬間に適切な
クォータースクワット
姿勢をとる

4 素早く切り返して垂直
にジャンプする

! このとき、地面に接地
している時間をなるべ
く短くする

メディシンボール・オーバースロー

目的 P74のダンベルスイング、P82のハングクリーン、P84のハングスナッチなどで鍛える動作を、より速度を意識して、ジャンプ力に必要な下肢の伸展パワー向上につなげる。クリーンやスナッチ、ダンベルスイングと一緒に行うとよい。

回数・セット数 3～6回×3～5セット（年間を通じて）

刺激される部位
ハムストリングス、大臀筋、大腿四頭筋、下腿三頭筋

＊続けて行う場合は、1回ごとに休息10秒ほど

1 メディシンボールを持ち、足は腰幅から肩幅程度に開いて立つ

2 ダンベルスイングの要領で、ボールを股関節の間に振り下ろす

！ 膝はスクワット程度に曲げる

！ ボールは真上にというより、自分のやや後ろに落下するようなイメージで投げる

体が伸び切らないうちに投げてしまっている

ジャンプのときに腰を反りすぎている

3 その状態から下肢を伸ばし、ジャンプすると同時にボールを上に投げる

4 まっすぐにジャンプし、両手を頭上までもっていく

ハングクリーン

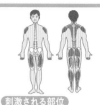

目的 P62〜69のスクワットやP72のRDLで養った下半身の筋力をより瞬発的なパワーに変換する。瞬発的なパワー発揮を行うことで、バレーボールに必要なダッシュ、切り返し、ジャンプの向上に役立てる。

刺激される部位
ハムストリングス、大臀筋、大腿四頭筋、下腿三頭筋、三角筋、僧帽筋

回数・セット数 **6**回×**3**〜**5**セット（筋肥大期）

1 バーベルを膝のやや上に置きRDLの姿勢をとる

 足は腰幅から肩幅で開いて立つ

2 下半身の伸びる動作により、バーベルを股関節までもってくる

✕ 猫背になり、腰痛につながる。また力が伝わりにくい

膝が前に出てしまい、力がうまく伝わらない

✕ 体が伸び切る前に、腕が曲がる。下半身の力を使えていない

バーが体から離れ、効率よく力を伝えられない

Advice

下半身の瞬発力を養いたいときに有効

習得が難しい種目だが、自体重やほかのウエイト種目ができるようになったら、チャレンジしてみよう。とくに試合期において下半身の瞬発力を養いたいときに有効となる。

筋力期	3～6回×3～5セット
パワー期	2～5回×3～5セット
試合期	3～6回×2～3セット
ピーキング期	1～3回×1～3セット

3 軽くジャンプするようにして、バーベルを一気に引き上げる

4 バーベルが胸の高さまで持ち上がったら、肘を素早く前に回転させ、着地姿勢をとる

! バーベルは体から離れないように持ち上げる

! スタート姿勢より足幅を1足分広くしたクォータースクワット姿勢で着地する

肘が前に出ていない。重量が重くなると、耐えられない

肘を回転させたときに、体も前方に移動してしまい、膝が前に出て負担がかかってしまう

ハングスナッチ

目的 効果はP82のハングクリーンと似ているが、胸付近でバーベルを止めるクリーンとは異なり、バーベルを一気に頭上まで移動させることで、よりパワーを強化できる。スパイクやブロック動作にも効果的とされている。

回数・セット数 **6**回×**3**～**5**セット（筋肥大期）

刺激される部位
ハムストリングス、大臀筋、大腿四頭筋、下腿三頭筋、三角筋、僧帽筋、広背筋、菱形筋

1 バーを膝のやや上に置きRDL（P72）の姿勢をとる

2 下半身の伸びる動作により、バーを股関節までもってくる

! バーをオーバーヘッドスクワット（P24～25）の幅（肩幅からこぶし3つ分外側）で握る

× バーが体から離れてしまい、下半身の力がバーに伝わらない

筋力期	3〜6回×3〜5セット
パワー期	2〜5回×3〜5セット
試合期	3〜6回×2〜3セット
ピーキング期	1〜3回×1〜3セット

Part
1
トレーニングの考え方

Part
2
傷害予防トレーニング

Part
3
パフォーマンス向上
トレーニング

Part
4
クールダウンストレッチ

Part
5
プログラムデザイン

Advice

下半身の瞬発力を養いたいときに!

ハングクリーンで養った瞬発力をオーバーヘッド動作で行うことで、スパイク、ブロック動作につなげる。この種目もハングクリーンと同様、試合期の下半身の瞬発力を養いたいときに有効となる。

3 軽くジャンプするようにして、バーを一気に頭上まで引き上げる

4 着地はきれいなオーバーヘッドスクワット姿勢をとる

！ バーは服がめくれるくらい体の近くを通す

✕

キャッチで腕が前方に移動すると、重量が重くなったときに耐えられなくなる

キャッチで肘をまっすぐに一気に伸ばせずに、力がうまく伝わっていない姿勢。肩の可動域が狭い可能性がある

スプリットスクワット

目的 大臀筋はハムストリングスとともに、下半身の瞬発力に大きく貢献する筋肉。バレーボールでは片足で踏ん張る局面がたくさんあるので、それらのプレーを支える基礎となる種目となる。

刺激される部位
大臀筋、大腿四頭筋、ハムストリングス

回数・セット数 左右**8～12**回×**3～5**セット（筋肥大期）

1 しゃがんだときに前後の膝の角度がそれぞれ90度前後になるように足を開く

Advice

お尻の筋肉に力を入れる

この動作をしているとき、前に出したほうの足のお尻に力が入っていることを意識しながら行う。

Part
1
トレーニングの考え方

Part
2
傷害予防トレーニング

Part
3
パフォーマンス向上
トレーニング

Part
4
クールダウンストレッチ

Part
5
プログラムデザイン

筋力期	5〜8回×3〜5セット
パワー期	5〜8回×3〜5セット
試合期	5〜8回×2〜3セット
ピーキング期	5〜8回×1〜3セット

2

1の姿勢から、後ろの膝が地面につく直前までしゃがんでいく。同様の姿勢で上方に切り返していく

膝が過度に前方に移動してしまい、負担がかかる

動作中、猫背になってしまい腰に負担がかかる

前足の膝が内側になり(ニーイン動作)、負担がかかる

! このとき、スクワットと同じ要領で行い、膝が前方に移動しすぎないようにする

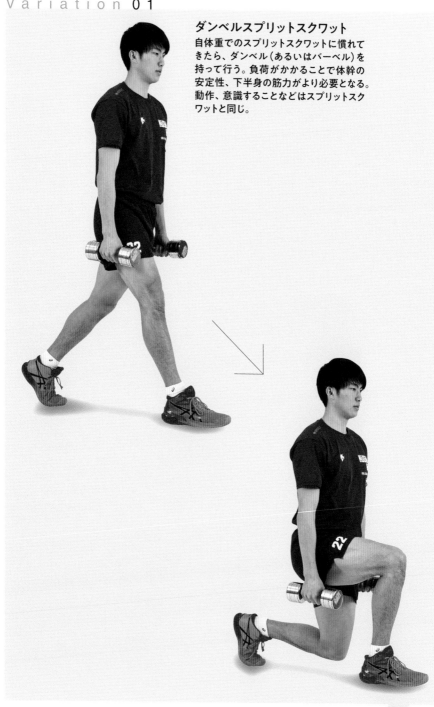

ダンベルスプリットスクワット
自体重でのスプリットスクワットに慣れて
きたら、ダンベル（あるいはバーベル）を
持って行う。負荷がかかることで体幹の
安定性、下半身の筋力がより必要となる。
動作、意識することなどはスプリットスク
ワットと同じ。

Part
1
トレーニングの考え方

Part
2
傷害予防トレーニング

Part
3
パフォーマンス向上
トレーニング

Part
4
クールダウンストレッチ

Part
5
プログラムデザイン

ブルガリアンスクワット

スプリットスクワットのバリエーションとしての種目。後ろ足を
台にのせることで前足のお尻の筋力発揮がより必要になる。
初めて行う場合は、台の高さは15~30センチくらいから始め
るように。動作、意識することはスプリットスクワットと同じ。

前後に開いた足幅
が広すぎる

前後に開いた足幅
が狭すぎる

フォワードランジ

目的 片足でのお尻の筋肉やハムストリングス、大腿四頭筋を鍛え、膝のケガを予防。足を前後に開いたレシーブ姿勢では、前方への推進力を抑えきれずに、膝を痛めてしまうことがある。それを防ぐためにも安定した動作を実現する。

刺激される部位
大臀筋、大腿四頭筋、ハムストリングス

回数・セット数 左右**8~12**回×**3~5**セット（筋肥大期）

1 ダンベルを両手に持ち、まっすぐに立った状態から始める

2 片足を前方に出し、膝が90度程度になる位置で地面につく

3 後ろ足の膝が地面に触れるか触れないかの位置まで下げる

正面から

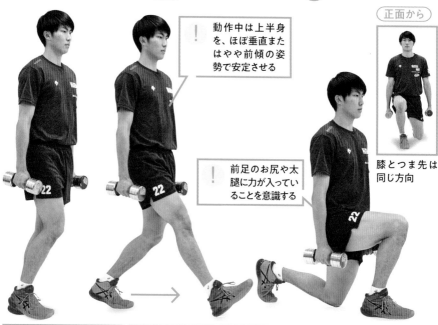

！ 動作中は上半身を、ほぼ垂直またはやや前傾の姿勢で安定させる

！ 前足のお尻や太腿に力が入っていることを意識する

膝とつま先は同じ方向

猫背になり、腰痛につながる。また力が伝わりにくい

膝が前に移動してしまう。膝を痛めやすいので要注意

膝が内側を向き、膝に負担がかかる。これも膝を痛める動作

このプレーに
つながる

筋力期	5〜8回×3〜5セット
パワー期	5〜8回×3〜5セット
試合期	5〜8回×2〜3セット
ピーキング期	5〜8回×1〜3セット

前に落ちるようなボール
をレシーブするとき、安
定した動作が期待できる

4 前足の裏でしっかり地面
を踏み込み、前足を戻す

5 スタートの姿勢に戻る

! 後足の力をなる
べく使わずに前
足を戻すことを
意識する

姿勢を戻すときに下半身の力を
使わず、腰の反動で戻してしまう

シングルレッグルーマニアンデッドリフト

目的 片足でのお尻の筋肉を鍛えるフォワードランジをP90で紹介したが、同様に片足でのハムストリングスの筋力を鍛えることも大切。P72のRDLからレベルアップし、よりバランス能力が必要とされる種目となる。

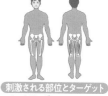

刺激される部位とターゲット
ハムストリングス
全身のバランス能力

回数・セット数 左右**8**～**12**回×**3**～**5**セット（筋肥大期）

 膝を15度ほど曲げて立つ

2 お尻を引き、体幹を前傾させ片足を上げる。体幹と床がほぼ平行になる位置まで倒して、切り返す

! 肩から足までをなるべく一直線にする。体幹の姿勢を保てない場合は、もう少し浅い位置で切り返す

筋力期	5〜8回×3〜5セット
パワー期	5〜8回×3〜5セット
試合期	5〜8回×2〜3セット
ピーキング期	5〜8回×1〜3セット

下がるときに、体が回転してしまう

猫背になると、腰痛につながってしまう

膝が過度に曲がり、ハムストリングスに効かなくなってしまう

Variation

難易度アップ

片手にダンベルを持って行う。ダンベルはひとつでOK。片足立ちとなるほうと同じ側の手で持つ。

Part
1
トレーニングの考え方

Part
2
傷害予防トレーニング

Part
3
パフォーマンス向上トレーニング

Part
4
クールダウンストレッチ

Part
5
プログラムデザイン

スプリットジャンプ

目的 これまで紹介した片足系の種目をより瞬発的に活かす種目。バレーボールでは片足支持の局面が多く、とくに片足着地で膝や足首をケガすることが多い。ここでは片足で踏ん張る際のパフォーマンスを向上させる。

刺激される部位
ハムストリングス、大臀筋、大腿四頭筋、下腿三頭筋

回数・セット数 左右**3**〜**6**回×**3**〜**5**セット（年間を通じて）

1 スプリットスクワット（P86）と同様に、足を前後に開く

2 膝を90度くらいに曲げ、カウンタームーブメントジャンプ（P77）と同じ要領で、腕を後方に引いた状態から、腕を振り上げながら踏み切る

! 前足の股関節、とくにお尻を意識する

! 前足でしっかり踏み込んで跳ぶ

Variation

サイクルド・スプリットジャンプ

跳び方はスプリットジャンプと同じだが、空中で足を入れ替えて着地する。交互に足を入れ替えながら連続で行う。スプリットジャンプに比べると、より難易度が高い。

! 踏み切った足とは逆の足で着地する

着地のときに猫背になると、腰痛につながる

着地で膝が前に移動してしまう

着地で膝が内を向き、膝に負担がかかる

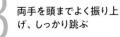

3 両手を頭までよく振り上げ、しっかり跳ぶ

4 上体が屈まないように着地する

! ジャンプしたときに、股関節が曲がったままだと下半身の力を発揮しきれないので、お尻を意識し、しっかり股関節を伸ばす

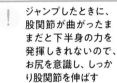

正面から

プッシュオフ

目的 P94のスプリットジャンプをレベルアップさせ、片足でのパワーを向上させる。ボックスに着地した瞬間にすぐにコントロールして切り返すことができるようになれば、バレーボールでのジャンプや方向転換にも役立つ。

刺激される部位
ハムストリングス、大臀筋、大腿四頭筋、下腿三頭筋

回数・セット数 左右**3～6**回×**3～5**セット（年間を通じて）

1 ボックス（足をのせたときに膝が90度前後になる高さ）に片足をのせ、やや前屈みとなる

2 1の姿勢からスプリットジャンプの要領で、片足で踏み切る

! ボックスは30～45センチの高さが一般的。ボックスが高すぎると、瞬発的に跳ぶことができないので注意

猫背で行うと、腰痛に
つながるので注意

ジャンプのときに腰
を反りすぎてしまう

着地で膝が前に移
動してしまう

着地で膝が内側を向
き、膝に負担がかかる

3 腕を振り上げジャンプする

4 着地の際にうまく衝撃を
吸収し、すぐに切り返し
て跳ぶ

! 股関節をしっかり
伸ばす

Part
1
トレーニングの考え方

Part
2
傷害予防トレーニング

Part
3
パフォーマンス向上
トレーニング

Part
4
クールダウンストレッチ

Part
5
プログラムデザイン

ヒップアブダクション

刺激される部位
中臀筋

 バレーボールでは方向転換（切り返し）が細かく、頻繁に行われる。このとき、中臀筋が大きく働くことがわかっている。その中臀筋を鍛えることで、素早い方向転換の基礎をつくることができる。

回数・セット数　左右**8〜12**回×**3〜5**セット（年間を通じて）

1 体を一直線にして横向き
で寝る

Advice

スクワット前に行うのも有効
スクワットなどで膝が内側に移動してしまう場合の修正のために、スクワット前に行うと有効なエクササイズ。

腰を反って無理やり上げようとしている。腰を痛めてしまう可能性がある

股関節が曲がると中臀筋に効かなくなってしまう。とくに回数を重ねるにつれ、フォームが乱れやすいので意識する

2 上の足を1足分後方に移動した状態から足を垂直に上げていく

足下から

Advice

手のつき方を変える
動作が正しく行えない場合は、手を体の前について行う。

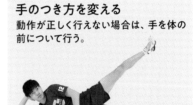

サイドスクワット

刺激される部位
ハムストリングス、大臀筋、中臀筋、内転筋群、大腿四頭筋、下腿三頭筋

目的 方向転換時に必要なお尻の外側の筋肉（中臀筋）を鍛える。P98のヒップアブダクションからレベルアップし、立った状態で中臀筋を鍛えていく。とくに膝とつま先の位置が大事となる。

回数・セット数 左右**6～12**回×**3～5**セット（筋肥大期）

足を大きく開いて立つ。片側に重心をかけ、スクワットと同様にお尻を後ろに引いて、太腿が床と平行の位置まで下がったら、スタートポジションに戻る。逆サイドも同じように行う

筋力期	5～8回×3～5セット
パワー期	5～8回×3～5セット
試合期	5～8回×2～3セット
ピーキング期	5～8回×1～3セット

! しゃがんだときに、膝とつま先の方向を合わせる

! しゃがんだ際に無理のない幅にする

このプレーに
つながる

ここで紹介するサイド
スクワット、次ページ
で紹介するサイドラン
ジは左右に来たボー
ルをレシーブする際に
役立つ種目となる

横から

膝が外側に出ている　　　膝が前に出てしまっている

Advice

目的によって負荷をかける
筋肥大を促したい時期は、バーベルやダ
ンベルなどの負荷をかけると、より効果的。

Part
1
トレーニングの考え方

Part
2
傷害予防トレーニング

Part
3
パフォーマンス向上
トレーニング

Part
4
クールダウンストレッチ

Part
5
プログラムデザイン

サイドランジ

刺激される部位
ハムストリングス、大臀筋、中臀筋、内転筋群、大腿四頭筋、下腿三頭筋

| 目的 | 方向転換時に必要なお尻の外側の筋肉（中臀筋）を鍛える。横方向への移動を行うことで、P100のサイドスクワットからレベルアップし、より方向転換の動きに近づけていく。またレシーブ姿勢にも非常に役立つエクササイズ。 |

回数・セット数　左右**6～12**回×**3～5**セット（筋肥大期）

1 立った状態から開始

2 サイドスクワットと同じくらいの位置へ片足を1歩横に出す

! しゃがんだ際に無理のない幅にする

Advice

左右差がないようにしよう！
左右の筋力の差が起きやすいので、両側でしっかりできるようにする。

102

筋力期	5〜8回×3〜5セット
パワー期	5〜8回×3〜5セット
試合期	5〜8回×2〜3セット
ピーキング期	5〜8回×1〜3セット

Part
1
トレーニングの考え方

Part
2
傷害予防トレーニング

Part
3
パフォーマンス向上
トレーニング

Part
4
クールダウンストレッチ

Part
5
プログラムデザイン

Variation

プレートサイドランジ

プレート（写真）やダンベルを持って行う。より負荷をかけた状態で姿勢を安定させる。やり方、注意点は同じ。

3 股関節を後ろに引きながら、足を着地させる

4 お尻を意識し、切り返してスタート姿勢に戻る

! 体が前後左右に傾かないように背中をまっすぐにし、体幹を安定させる

膝がつま先より前に出てしまう　　膝が外に開いてしまう

切り返したあと、体幹をあおって体を戻してしまう

サイドプッシュオフ

目的 P102のサイドランジをレベルアップさせ、横への瞬発的な動作の獲得を目指す。
とくに方向転換、横方向へのステップやジャンプに役立つエクササイズとなる。

刺激される部位
大臀筋、中臀筋、大腿四頭筋、内転筋群

回数・セット数 左右**3〜5**回×**3〜5**セット（年間を通じて）

1 膝が90度よりやや浅い角度になるような高さのボックスに片足をのせる

2 ボックスにのせているほうの足で踏み込む

! ボックスは15〜45センチ程度が目安

Variation

サイドto サイドプッシュオフ

サイドプッシュオフをレベルアップさせ、ジャンプを横方向にし、踏み切り足と着地の足を入れ替えていく。これも慣れてきたら連続で行う。
❶通常のサイドプッシュオフと同様に片足を台にのせた状態でスタートさせる
❷ボックスにのせているほうの足で踏み込む
❸横方向にジャンプしボックスを飛び越える
❹踏み切り足とは反対の足をボックスにつく
❺着地する

ジャンプのときに前足の股関節がくの字のままになっている

着地のときに膝が前に出てしまう

×

3 両腕を頭まで振り上げながら、垂直方向にジャンプする

! このとき股関節がしっかり伸びるように、お尻に力を入れる

4 踏み切った足と同じ足で着地する

5 スタート姿勢に戻る。慣れたら連続でジャンプする

3 股関節を伸ばし、お尻に力を入れる

4

5 着地のときに膝が前に出ないようにする

チューブベントオーバーロウ

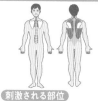

目的 普段の姿勢が猫背になる場合、腰痛や肩痛につながってしまい、また上半身のプレス種目を効果的に行えない。肩や腰の傷害予防エクササイズと組み合わせることで、胸を張った姿勢を獲得できる。

刺激される部位
僧帽筋、菱形筋、広背筋

回数・セット数 **8〜12**回×**3〜5**セット（筋肥大期）

1 チューブの両端を握り、両足で踏む。膝は軽く曲げる。背中は床と水平か、それよりもやや高い位置に前屈させた状態からスタートさせる

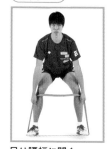

正面から

足は腰幅に開く

Variation

ダンベルベントオーバーロウ

チューブに慣れてきたら、ダンベルでも行ってみる。このときも肩甲骨を寄せることを意識する。

筋力期	5〜8回×3〜5セット
パワー期	5〜8回×3〜5セット
試合期	5〜8回×2〜3セット
ピーキング期	5〜8回×1〜3セット

2 チューブをみぞおちとへその間に引き上げ、下方向に戻していく

! 肩甲骨を寄せながら、しっかりと胸を張る

✕

チューブを引いたときに上体が浅くなってしまう

チューブを引いたときに猫背になってしまい、腰に負担がかかる

（正面から）

ワンハンドロウ

目的 肩甲骨を寄せる動作の左右差をなくす。とくにスパイクをたくさん打ち、肩を痛めたことのある選手は肩痛の再発予防、そして効率的なスパイク動作のために必要な動作となる。

刺激される部位
僧帽筋、菱形筋、広背筋

回数・セット数 左右**6〜12**回×**3〜5**セット（筋肥大期）

ベンチに手を置き、背中がなるべく床と平行に近くなるような姿勢をとる

> ! 引く直前に肩甲骨をやや寄せてから、動作を始める

正面から

Advice

手首が硬い人バージョン
手首の可動域が出ない人は、腕をつく位置をベンチの中央にして行う。

筋力期	5〜8回×3〜5セット
パワー期	5〜8回×3〜5セット
試合期	5〜8回×2〜3セット
ピーキング期	5〜8回×1〜3セット

このプレーに
つながる

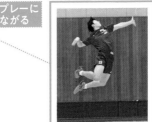

スパイクをたくさん打つ選手で、肩を痛めたことのある選手では、利き腕のこの動作が苦手なことがよくある。肩甲骨をスムーズに寄せて、スパイクにおける効果的なテイクバック動作を獲得しよう。

Part
1
トレーニングの考え方

Part
2
傷害予防トレーニング

Part
3
パフォーマンス向上トレーニング

Part
4
クールダウンストレッチ

Part
5
プログラムデザイン

2 脇を締めて肩甲骨を寄せるようにしっかりと引いて、戻す

正面から

しっかりと肩甲骨を寄せるイメージで

× 体を捻りながら引いてしまう

最初から腕を使ってしまう

109

インバーテッドロウ

目的 P106のチューブベントオーバーロウとは逆の方向から鍛えることで、新しい刺激を肩甲骨周囲の筋肉に与える。重量を加えなくても、鉄棒だけで十分な負荷をかけることができる。

刺激される部位
僧帽筋、菱形筋、広背筋

回数・セット数 **8〜12**回×**3〜5**セット（筋肥大期）

筋力期	5〜8回×3〜5セット
パワー期	5〜8回×3〜5セット
試合期	5〜8回×2〜3セット
ピーキング期	5〜8回×1〜3セット

1 腰幅程度に足を開いて、手幅は肩幅よりやや広くとり、鉄棒を握る。斜め仰向けになった状態からスタートさせる（かかとだけが地面についた状態）

！ 背筋をまっすぐにした状態で腕を引く

2 しっかり肩甲骨を寄せるように引いていく。胸につくかつかないかのあたりで戻す

！ 上がり切ったときに、鉄棒が胸の位置あたりにくるように、自分の位置を調節しておく

×

引き上げたとき腰が反る

首元で引っ張ってしまい、肩甲骨周辺の筋肉に効かない。肩痛の要因にもなる

チンニング

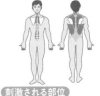

目的 これまでの引く種目からレベルアップし、背部の筋力を高める。今回紹介する背部の筋肉を鍛える種目の中では、最も筋力を必要とする種目となる。たくさんの回数をできるわけではないが、できる限りチャレンジしてみよう。

刺激される部位
僧帽筋、菱形筋、広背筋

回数・セット数 **8〜12**回×**3〜5**セット（筋肥大期）

1
腕はP24のオーバーヘッドスクワットと同様の幅にして、鉄棒を握り、足を浮かせる

! 腕を引きつけるとき、なるべく体を前後に振らないようにする

! 体をまっすぐの状態にする

2
そのままアゴが鉄棒を越えるまで、まっすぐに腕を引きつける。肘が伸びるところまで下ろし、この動作を繰り返す

Variation

ナローグリップチンニング
鉄棒を握る手の幅を狭くしてチンニングを行う。チンニングは背中の筋肉に、ナローグリップチンニングは上腕の筋肉に効く。

筋力期	5〜8回×3〜5セット
パワー期	5〜8回×3〜5セット
試合期	5〜8回×2〜3セット
ピーキング期	5〜8回×1〜3セット

Advice

補助をつけてもOK
回数をこなせない場合は、パートナーに補助してもらう。

プッシュアップ

目的 大胸筋とともに、肩痛予防に大切な前鋸筋を鍛える。この種目はP114のベンチプレスと違い、適切なフォームで行うと、胸だけでなく体幹の安定性も鍛えることができ、また肩甲骨の動きを出すこともできる。

刺激される部位
大胸筋、前鋸筋、体幹筋群、上腕三頭筋

回数・セット数 **8～12**回×**3～5**セット（筋肥大期）

1 手幅は肩幅よりやや広くし、床に両手をつく。足を伸ばしてつま先と腕で体を支える。胸が地面につくときに、ちょうど手のひらが胸の真横あたりにくるようにしておく

! P28のプランクの姿勢を意識し、動作中はお腹とお尻に力を入れ続ける

2 アゴより胸が先に地面につくように可動域を目いっぱい使って、下がっていく。切り返して起き上がるときは体幹を安定させながら、スタート姿勢に戻る

! 脇の下にテニスボールがあると想像し、それが落ちないように脇を締める

Advice

大事なのは適切なフォーム
プッシュアップは一般的によく行われているが、エラー動作を用いて行っている場合がほとんど。適切なフォームで狙った効果を引き出すようにする。

筋力期	5〜8回×3〜5セット
パワー期	5〜8回×3〜5セット
試合期	5〜8回×2〜3セット
ピーキング期	5〜8回×1〜3セット

アゴが先についてしまう

切り返しで腰が反ってしまう

手の位置が肩に近すぎて窮屈になっている

Part
1
トレーニングの考え方

Part
2
傷害予防トレーニング

Part
3
パフォーマンス向上
トレーニング

Part
4
クールダウンストレッチ

Part
5
プログラムデザイン

Variation 01

難易度ダウン

プッシュアップが難しいと感じる人は、膝をついた状態でフォームを意識しながら行う。

Variation 02

難易度アップ

パートナーがいる場合は、背中を押してもらい負荷をかける。パートナーはエラー動作が見られない程度に力を加えるのがポイント。またはパートナーにプレートを背中に置いてもらって行うパターンもある。

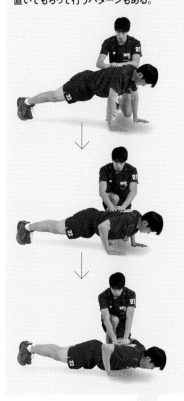

ベンチプレス

目的 ベンチプレスは胸の種目で最も高重量を扱うことができるため、筋力強化には最適。もちろんスパイク時に使う大胸筋、ブロック時、オーバーパス時に働く前鋸筋の筋力を向上させることができる。

刺激される部位
大胸筋、前鋸筋、上腕三頭筋

回数・セット数 **6〜12**回×**3〜5**セット（筋肥大期）

1 ベンチに仰向けになり、足はスクワットのような幅で地面につける。比較的ゆっくりとバーベルを乳頭線付近に下ろす

！ バーベルを上げるとき、肩の真上にくるように、やや斜め方向に上げる

Advice

フォームを妥協しない
ベンチプレスは何となくできてしまう種目なので、フォームを妥協しないで行う。

筋力期	3〜6回×3〜5セット
パワー期	2〜5回×3〜5セット
試合期	3〜6回×2〜3セット
ピーキング期	1〜3回×1〜3セット

腰は絶対に反らない。胸と腕の力を使って上げるようにする

2 バーが軽く胸に触れたら、上に切り返して、戻す

! 下げたときに肘が90度前後になる幅で握る

Advice 01

バーベルは乳頭線付近に下ろす

バーベルを下げる位置が上すぎると落としてしまった際に、首や鎖骨のケガのリスクが高くなる。下げすぎると力がうまく伝わらないので、おおよそ乳頭線上に下ろすようにする。

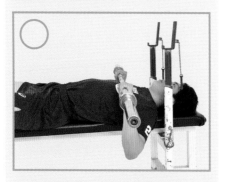

上げすぎる

下げすぎる

Advice 02

足幅はスクワットと同じくらい

足幅が広かったり狭かったりすると、力がうまく伝わらない。足を浮かすと、肩などに負担がかかり、ケガの要因となるので注意する。

広すぎる

狭すぎる

Advice 03

手首の位置は垂直線上

手首を反りすぎると痛めてしまうので、握り方も大事。とくに手首が曲がってしまうと力がうまく伝わらない。

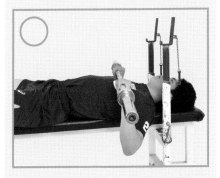

○

✕ 手首が反ってしまう

✕ 曲げすぎ

Variation

難易度アップ

ダンベルを使うことで左右別々に動作をコントロールするため、より安定性が必要となる。またバーベルに比べて、より広い肩の可動域を使うことができる。

✕ 腕を開きすぎる

チューブショルダープレス

目的 ショルダープレスはブロック、オーバーパス動作につながる種目。とくにこれらを強化したい選手に有効。ただ肩に不安のある選手は、医師やトレーナーに相談しながら行うようにする。

刺激される部位
三角筋、前鋸筋、上腕三頭筋、僧帽筋

回数・セット数 **6～12**回×**3～5**セット（筋肥大期）

1 膝立ちの状態になり、チューブを膝の下で押さえる。チューブを張って両手で握る。肩のやや前方をスタート位置とする

! 肩のやや前の位置で開始する。肩の真横や肩甲骨を引きすぎた位置で行うと、肩に負担がかかってしまう

2 1の姿勢をキープしながら、チューブを押し上げていく

正面から

肘が90度よりやや狭い程度

Part
1
トレーニングの考え方

Part
2
傷害予防トレーニング

Part
3
パフォーマンス向上
トレーニング

Part
4
クールダウンストレッチ

Part
5
プログラムデザイン

このプレーに
つながる

筋力を強化することで、
ブロック姿勢が安定し、
強いスパイクにも押し
負けない形をつくるこ
とができる

筋力期	5〜8回×3〜5セット
パワー期	5〜8回×3〜5セット
試合期	5〜8回×2〜3セット
ピーキング期	5〜8回×1〜3セット

3 肘がほぼまっすぐになる位置まで、
体幹をまっすぐにした状態で上げ
る。戻すときも動作をコントロール
しながら下ろす

! 体幹をまっすぐ
にして行う

! このとき、肘は耳の真
横あたりに位置させる

正面から

両手を中央に寄せるイ
メージで上げる

119

ダンベルショルダープレス

ダンベル（あるいはバーベル）の場合は立った状態
で行う。やり方や注意点などはチューブのときと同
じ。肩のやや前の位置で開始する。肩の真横や肩
甲骨を引きすぎた位置で行うと、肩に負担がかか
るので要注意。

Advice

肩が痛い人は
グリップを変える
肩や肘、手首が痛い人は、チューブやダンベルを縦にするグリップで行うようにする。

チューブ&ダンベルショルダープレスのNG動作

肘が開いてしまい、肩や肘に過剰な負担がかかってしまう

腰を反って上げてしまう。簡単に上げやすいが、腰を痛めてしまう

前方に上げてしまう。肩に過剰な負担がかかり、高い負荷を扱えない

クラッププッシュアップ

目的　下半身のハングクリーンやスナッチ（P82、84）と同様、スパイクなどでは上半身も素早いパワー発揮が求められる。クラッププッシュアップは胸のパワー発揮を養うことができるが、難易度が高いので、無理に行わないようにする。

刺激される部位
大胸筋、前鋸筋、体幹筋群

回数・セット数 **3～6**回×**3～5**セット（年間を通じて）

1　手幅は肩幅よりやや広くし、床に両手をつく。足を伸ばしてつま先と腕で体を支える（P112のプッシュアップと同じ）

> ！ P28のブランクの姿勢を意識し、動作中はお腹とお尻に力を入れる

2　通常のプッシュアップのように、肘を曲げて沈む

空中で手を叩くときの前後の姿勢が猫背になってしまう

回数を多くやりすぎない
筋力が必要な種目なので、無理に行ったり、回数を多くやりすぎたりしない。とくに肩や手首に不安のある選手は無理のないように。

3 沈んだ状態から上がるときに両手で強く地面を押し、手を地面から離す。空中で1回手を叩く

！なるべく背中はまっすぐを意識する

4 両手をついて着地する

Part
1
トレーニングの考え方

Part
2
傷害予防トレーニング

Part
3
パフォーマンス向上トレーニング

Part
4
クールダウンストレッチ

Part
5
プログラムデザイン

メディシンボール・チェストパス

目的 メディシンボールは負荷が軽い分、スピードを上げて行うことが可能。パワー期や試合期にP114のベンチプレスやP112のプッシュアップのあとに行うと、より筋肉を意識してスピードにフォーカスすることができる。

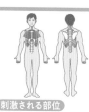

刺激される部位
大胸筋、前鋸筋

回数・セット数 **3～6**回×**3～5**セット（年間を通じて）

1 実施者はクォータースクワットポジションで立つ

< 実施者

パートナー >

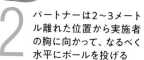

2～3メートル

2 パートナーは2～3メートル離れた位置から実施者の胸に向かって、なるべく水平にボールを投げる

キャッチの際にボールの勢いに負け、上体が反ってしまう

パスをする際、体幹を固定できずに、猫背になってしまう

3 実施者は胸の高さでキャッチする

正面から

4 受け取ったらすぐに切り返し、素早く腕を押し出して、パスを返す

! 投げ返すときは両肘をしっかり伸ばす

プッシュプレス

目的 プッシュプレスは、パフォーマンス向上の点で考えると、上半身の種目において は最も大切な種目となる。ブロックやオーバーパス動作に役立ち、とくにオーバ ーパスの飛距離向上が見込める。

刺激される部位
三角筋、前鋸筋、上腕三頭筋、僧帽筋

回数・セット数 **3〜6**回×**3〜5**セット（筋力期）

1 まっすぐ立った状態でバーを肩のあたりに担ぐ

2 クォータースクワットポジションまで真下へと下がる

3 下がったら瞬時に体を上方に切り返しながら、バーを上げる

! 肘は前に向けずに下に向けておく。垂直にバーを動かすので、肘を前に向けると、力が垂直に伝わらない

! 持ち上げるとき、できるだけ体のそばをバーが通るようにする

! 下半身が伸びてくる力によるバーの弾みを利用して、一気に上げる

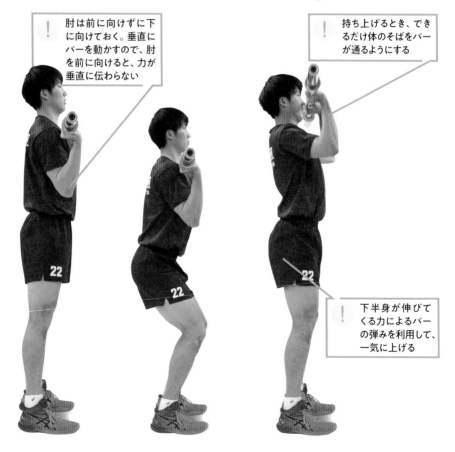

このプレーに
つながる

パワー期	2〜5回×3〜5セット
試合期	3〜6回×2〜3セット
ピーキング期	1〜3回×1〜3セット

＊筋肥大期にはショルダープレス（P118〜121）を行い、筋力期以降にこの種目を行うのが一般的

ブロックにも有効な種目だが、とくにオーバーパスを遠くに飛ばしたいときなどに役立つ

4 一気にバーを真上にもっていく

! 背筋をまっすぐにすることを意識する

×

クォータースクワット姿勢のときに、膝が前に出てしまい、力が垂直に伝わらない

フィニッシュ姿勢のときに、無理にバーを上げようとして、腰を反ってしまう

シットアップ

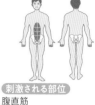

刺激される部位

| 目的 | シットアップは腹直筋を鍛える種目。とくに腰が反りがちな選手は腹直筋を鍛えることで、体幹をまっすぐな姿勢にすることができ、腰痛の予防にも貢献する。 |

刺激される部位
腹直筋

回数・セット数 **8～12**回×**3～5**セット（年間を通じて）

 仰向けになり膝を90度前後
に曲げる

! 足は肩幅程度に開
いておく

起き上がる際、足が上がっ
てしまう

起き上がる際にはじめから
背中が丸まっている

2 背中と首をまっすぐにするイメ
ージで上体を起こす

 ! 必要以上に腰を丸
めない。丸めすぎる
と腰痛につながる

3 背中が地面から離れ起き上が
ったら、戻していく

オーバーヘッドシットアップ

目的 シットアップをレベルアップさせた状態で腹直筋を鍛える。オーバーヘッドにすることで腹直筋だけでなく、背部の筋肉にも刺激が入る。また、胸を張る必要が出てくるため、腰が必要以上に丸くなることもない。

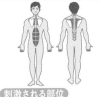

刺激される部位
腹直筋、僧帽筋中・下部、
大・小菱形筋

回数・セット数 **6～12**回×**3～5**セット（年間を通じて）

1 仰向けになり膝を90度に曲げた状態で、腕をオーバーヘッドスクワット（P24）の幅に開く

! 足は肩幅程度に開いておく

2 1のままの体勢から、おへそを見るようにして上体を起こす

× チューブありなしにかかわらず、起き上がる際に、腕が先に上がらないように意識する

3 上体が起き上がったら、スタート姿勢に戻していく

! 起き上がるときに極端に猫背にならないように背筋を伸ばす

! 腕はなるべく耳の横かやや後ろに位置させる

Variation

難易度アップ
チューブを両手で持って行う。

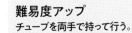

オブリークツイスト❶

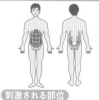

目的 体を回旋させる筋力を鍛える。スパイクを打つときは腹斜筋などが働き、体幹を捻ることが求められるため、この種目が効果的となる。また腰痛が気になる選手では、左右どちらかの動作が弱い場合がある。

刺激される部位
腹斜筋、腹直筋

回数・セット数 左右**6〜12**回×**3〜5**セット（年間を通じて）

1 仰向けになり膝を90度前後に曲げる。右手を頭の後ろに添え、足は肩幅程度に開いておく

2 上体を左側に捻りながら上がる

3 右肘が左膝の外側に触れたら、体を元の位置に戻す

オブリークツイスト❷

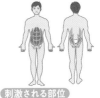

目的 スパイクを打つときは、体幹をより高速で捻ることが求められる。体を回旋させる筋力を鍛え、オブリークツイスト❶に比べ、よりダイナミックに行うことで、スパイク動作につなげていく。

刺激される部位
腹斜筋、腹直筋

回数・セット数 左右**6～12**回×**3～5**セット（年間を通じて）

1 横向きで寝転がり、両手を伸ばして体を一直線にする

2 なるべく横向きのまま上体と下肢を浮かせながら捻る

このプレーにつながる

3 しっかり捻って、元に戻す

! おへそが横を向いたまま体を浮かせていく

Advice

左右の差をなくそう

オブリークツイスト❷は左右差が出やすい種目といえる。自分の強いほう、弱いほうを理解しよう。また腰痛が気になる選手では、左右どちらかが弱い場合がある。

✕

体が浮く前からおへそが上を向いてしまうと、普通の腹筋動作になってしまう

体を回旋させる筋力を鍛えるこの種目は、スパイクを打ったときの巻き込み（フォロースルー）の動作につながる

メディシンボール・サイドチョップスロー

目的 スパイクを打つときは、体幹をより高速で捻ることが求められる。これまでの回旋トレーニングをさらにダイナミックにスピードをつけて行うことで、スパイク動作につなげていく。

刺激される部位
腹斜筋

回数・セット数 左右**3〜6**回×**3〜5**セット（年間を通じて）

1 片膝立ちになり、背中をまっすぐにする。両手を伸ばしてメディシンボールを持ち、斜め上（片膝立ちした足と同じ側）でメディシンボールを構える

2 振り上げたメディシンボールを斜めに振り投げる

! 振り上げたときに上体を捻らない

このプレーに
つながる

P130～131のオブリークツイストと同様に、スパイクを打つときの回旋動作につながる

3 逆側の床に叩きつけるように投げる

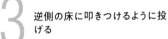

✕ 膝が内側に入ってしまう 膝が外側に開いている

! なるべく膝は動かさず、体幹の捻りだけで投げる。きちんと捻ることができていないとボールが前に飛んでしまう

ウォールドリル縦

目的 バレーボールで数十メートルを直線的に走ることはほぼないが、5メートル以下の短いダッシュをすることがよくある。スムーズにムダなくスタートするための基礎となる種目となる。

刺激される部位とターゲット
下半身全体の筋肉
適切なスタート姿勢

回数・セット数 片足ずつ**5〜10**回×**3〜5**セット（年間を通じて）

1 壁や柱に「前ならえ」の姿勢で両手をつき、前傾する

! このとき背すじはまっすぐ。体幹が緩まないようにする

2 支える右足で地面を下に押しながら、反対の左足を自然に上がる高さまで上げる

! 膝や足首の角度は90度前後にする

Advice

はじめは1歩ずつ
動きに慣れるまでは1歩ずつ。正しいフォームで行えるようになったら、足を交互に上げて連続で3〜4歩、行う。連続で行う際は、足が地面につかないうちに、反対の足を上げるようにする。

猫背になる

足の動きが小さい

Variation

難易度ダウン
つま先立ちがフラつくような人は、かかとを床につけると安定して行うことができる。

3 左足が地面につかないうちに、反対の右足を上げる（写真はその直後の一枚）

4 左足でも同じように地面を下に押しながら、右足を自然に上がる高さまで上げる

ウォールドリル横

目的 バレーボールでは細かく素早い方向転換が求められる。一瞬の時間にムダなく方向転換するための基礎となる種目となる。

刺激される部位とターゲット
下半身全体の筋肉
適切な方向転換の姿勢

回数・セット数 左右**5〜10**回×**3〜5**セット（年間を通じて）

内側の足から上げるパターン

1 壁や柱に横向きに立ち、片手をつき、体を壁側に傾ける。外側の足で地面を真下にしっかりと押しながら、内側（壁側）の足を力強く引き上げた状態でスタートさせる

2 内側の足を下ろすと同時に、入れ替えるように外側の足を上げる

スタート姿勢

! 体はまっすぐの姿勢を維持する

! 引き上げた足の膝から下はなるべくまっすぐになるイメージ

イチッ!

外側の足から上げるパターン

1 壁や柱に横向きに立ち、片手をつき、体を壁側に傾ける。内側（壁側）の足で地面を真下にしっかりと押しながら、外側の足を力強く引き上げた状態でスタートさせる

2 外側の足を下ろすと同時に、入れ替えるように内側の足を上げる

スタート姿勢

イチッ!

Part
1
トレーニングの考え方

Part
2
傷害予防トレーニング

Part
3
パフォーマンス向上トレーニング

Part
4
クールダウンストレッチ

Part
5
プログラムデザイン

Advice

バランスよく鍛える

内側の足から上げたり外側の足から上げたりして、内側の足、外側の足をバランスよく鍛えよう。

Variation

はじめは1歩ずつ

スムーズな方向転換のスタートができるようになるために大事なドリル。はじめは1歩ずつフォームを意識しながら行う。慣れてきたらP134のウォールドリル縦と同じように、左右交互に連続で行う。

3 外側の足で地面をしっかりと押しながら、内側の足を力強く引き上げる

ニッ!

4 内側の足を下ろすと同時に、外側の足を上げる

サンッ!

3 内側の足で地面をしっかりと押しながら、外側の足を力強く引き上げる

ニッ!

4 外側の足を下ろすと同時に、内側の足を上げる

サンッ!

フォーリングスタート

目的 スタートする際、体が前方ではなく、上方に浮き上がってしまうと、うまくスタートが切れない。この種目は、前方へのスムーズなスタートを実現するためのエクササイズとなる。

刺激される部位とターゲット
下半身全体の筋肉
適切なスタート姿勢

距離・セット数 **10**m×**3**~**5**本（年間を通じて）

1 両足をそろえてスタートラインに立つ

2 体を前に倒していく

3 地面に倒れそうになったところで、足を前方に振り出す

スタート姿勢

! 我慢できるところまで体を前に倒していく

! ウォールドリル縦（P134）の角度あたりで走り出す

スタートで
猫背になっ
てしまう

足を振り出す
のが遅く、前
方に転びそう
になってしまう

4 加速していく

10メートルダッシュ

Part
1
トレーニングの考え方

Part
2
傷害予防トレーニング

Part
3
パフォーマンス向上
トレーニング

Part
4
クールダウンストレッチ

Part
5
プログラムデザイン

スプリットスタート

目的 P138のフォーリングスタートをレベルアップさせ、両足のみならず、スプリットスタンスでもスムーズなスタートをできるようにする。このあとに紹介するステップバックスタートの基礎となるため、非常に大切な種目だ。

刺激される部位とターゲット
下半身全体の筋肉
適切なスタート姿勢

距離・セット数 **10**m×**3**〜**5**本（年間を通じて）

1 スタートラインに左右どちらかの足を置き、逆の足は後ろに引く

2 笛や「ゴー」などの合図で、スタート姿勢の"後ろの足"で蹴り出し、スタートを切る

スタート姿勢

! 後ろ足（写真=左足）でしっかりと蹴る

Advice

地面を押して進むイメージ

地面を後ろに蹴って走ろうとすることがよく見られるが、飛び出しから加速まで地面を下に押して進むイメージで行う。

3 そのまま1歩目を後ろ足で踏み出し、加速する

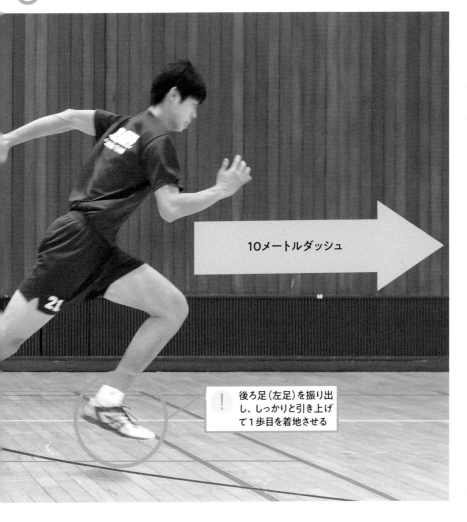

10メートルダッシュ

! 後ろ足（左足）を振り出し、しっかりと引き上げて1歩目を着地させる

ステップバックスタート

目的 バレーボールでは数メートルのダッシュが必要になるが、足をいったん後ろに引いてスタートすることが最も速い姿勢といわれている。P138のフォーリングスタート、P140のスプリットスタートで形をつくり、ステップバックに応用していく。

刺激される部位とターゲット
下半身全体の筋肉
適切なスタート姿勢

距離・セット数 **10**m×**3〜5**本（年間を通じて）

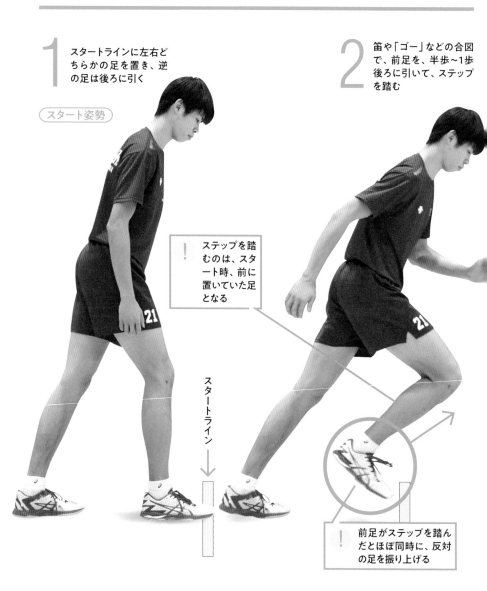

1 スタートラインに左右どちらかの足を置き、逆の足は後ろに引く

スタート姿勢

2 笛や「ゴー」などの合図で、前足を、半歩〜1歩後ろに引いて、ステップを踏む

! ステップを踏むのは、スタート時、前に置いていた足となる

スタートライン→

! 前足がステップを踏んだとほぼ同時に、反対の足を振り上げる

Part
1
トレーニングの考え方

Part
2
傷害予防トレーニング

Part
3
パフォーマンス向上トレーニング

Part
4
クールダウンストレッチ

Part
5
プログラムデザイン

このプレーに
つながる

前のほうに落ちるボールに対して、瞬時にスタートを切って対応。パンケーキなどを行うときに使える。

3 スタートを切る　　　　　　4 一気に加速する

10メートルダッシュ

地面をしっかり押すイメージで蹴り出し、加速する

Advice

スタート時の後ろに引く前足が大事

後ろに引いた前足を引き切れず、うまく前傾姿勢をつくれないケースがよく見られるので、意識する。

143

減速ドリル

刺激される部位とターゲット
下半身全体の筋肉
適切な停止減速姿勢

目的 ダッシュしている状態からできるかぎり素早く止まれるようにする。このときにスムーズな停止ができないと、姿勢を乱してしまい、素早く方向転換をすることができないため、適切な減速、停止姿勢の獲得は重要となる。

距離・セット数 5〜10m×3〜5本（年間を通じて）

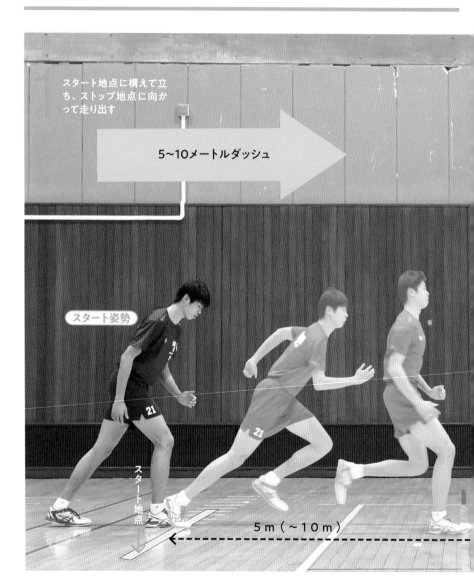

スタート地点に構えて立ち、ストップ地点に向かって走り出す

5〜10メートルダッシュ

スタート姿勢

スタート地点

5m（〜10m）

ストップ地点
で前かがみの
状態で止まっ
てしまう

はじめはゆっくり
徐々にスピードアップ

最初はゆっくりの速度から行い、
慣れてきたら少しずつ速度を上げ
てストップ動作を行うようにする。

Part
1
トレーニングの考え方

Part
2
傷害予防トレーニング

Part
3
パフォーマンス向上
トレーニング

Part
4
クールダウンストレッチ

Part
5
プログラムデザイン

2 ストップ地点が近づいて
きたら、体をやや後ろに
傾けながら減速する

3 ストップ地点ではスクワッ
ト姿勢で止まる

ストップ地点

ラテラルステップ

目的 P42のサイドジャンプからのランディングの発展形。スムーズに止まることができても、その後に再び素早く動き出さなければ、最終的に素早い方向転換ができない。ここでは方向転換後の基礎的なドリルであるラテラルステップを覚える。

刺激される部位とターゲット
中臀筋、大臀筋
適切な方向転換の姿勢

回数・セット数 左右**3〜10**回×**2〜3**セット（年間を通じて）

1 クォータースクワットポジションで立つ

2 1歩ごとに着地を決め、安定した状態になってから次の動作に移る

スタート姿勢

! 体は正面で腕をしっかり引く

1歩を踏み出すときに下半身だけが横に進み体幹をあおってしまう

着地のときに膝が内側に入ってしまう

Advice

安定した動作（着地）を意識する

1歩ごとに着地を決め、安定した状態になってから同じ動作を繰り返し、横に進んでいくように。とくに最初は進む幅は小さくてよいので、安定した動作を意識する。慣れてきたらステップ幅を大きくしていこう。

3 進む方向と反対側の足で地面を押し、進む方向側の足と手は大きく振り上げる

4 着地を決める。2~4の動作を連続で行っていく

どうして筋力トレーニングを取り入れるのか?

早稲田大学男子バレーボール部 **伊東克明**コーチ

バレーボールにおいて最も得点率の高いプレーであるアタックのスキルを指導した場合、どのように体を使ってアタックすればよいか、どのコースにアタックを打てばよいか、これらはスキルのコーチング範疇によるものです。しかし、より強いアタックを打つには助走スピード、ジャンプする際の踏み切るパワー、体幹の回転及び腕を振るスピードなど、アタックにおけるバイオメカニクス的な要素の向上が必要です。より強くより決定力の高いアタックには、強靭な肉体をつくるための筋力トレーニングが必要不可欠となります。

私たちの大学に入学する新入生は、皆、バレーボール選手として素晴らしい素質を持っています。高校生としては能力の高い選手が多いです。しかし、スタミナやパワー、スピードといった体力的な部分においては、体も細く上級生と比較すると当然ながら劣っている学生がほとんどです。なかには即戦力として試合に出場する学生もいますが、レベルの高い相手との試合や連戦においては、スタミナ不足によりパフォーマンスが低下し、アタックが決まらないということも少なくありません。

アタック練習を数多く行えばスタミナやパワーが身につき、力強いアタックが打てるようになるかもしれません。しかし、未熟な体では肩や膝、腰など体への負担が大きく、さらにジャンプの回数が多すぎても故障の原因となる可能性があります。私自身も現役当時は知識が乏しく、筋力トレーニングをあまり多く行っていませんでした。また、筋肉をつけすぎると肩の可動域が狭まり、アタックコースも狭まってしまうという間違った知識を持っており、ボール練習の中で筋力アップを図ればよいと考えていました。その結果、オーバーワークで肩を故障したこともありました。

私たちのトレーニング指導では、体力の向上やケガの予防といったトレーニングの目的や意図の説明はもちろんのこと、データを用いることによりバレーボールのプレーへの効果や目標を明確にしています。学生のモチベーションが向上し、納得して取り組めるようなアプローチになっているのです。さらに、筋力アップが実現するのみならず、トレーニングに対しての知識も身につき、学生がより高い志を持ってトレーニングに取り組むことができています。私も現役時代にこれらの指導を受けたかったと、今の学生をうらやましく思います。

トレーニングがいかに大切なことであるかは、トレーニングにおいて向上したスタミナやパワー、スピード、ジャンプ力、さらには大学日本一という結果を残した学生たちの活躍が何よりの証拠です。とくに2020年度は、コロナ禍において公式戦が次々中止となり、チーム全体での練習が実施できない状況でした。しかし、学生一人ひとりが、トレーニングがいかに大切かを十分に認識し、全員が集まって練習できない状況下でも、高い志で筋力アップに取り組んだことが結果にも現れました。大学入学時には細かった体が、ひと回りもふた回りも大きくなり、チームを先導する最上級生のたくましさの裏には、佐藤コーチのトレーニング指導が存在しています。

Part

4

クールダウンストレッチ

練習後のクールダウンはウォームアップと同じくらい重要です。
練習で使った筋肉をストレッチで伸ばして心身ともにリラックスさせ、
体を回復モードにしていきましょう。
このPartで紹介する静的ストレッチは、筋肉を緩ませる効果があり、
筋肉が硬くなることを防いでくれます。

ふくらはぎのストレッチ

目的 腓腹筋、ヒラメ筋が硬いと、捻挫など足首のケガのリスクが高まる。ふだんから柔らかくしておくことを心がける。

伸ばされる部位
腓腹筋、ヒラメ筋

時間・セット数 左右**15〜20**秒×**2〜3**セット

腓腹筋のストレッチ

足を前後に開き、後ろの足の膝を伸ばす。かかとは地面につけたままで、つま先は正面に向ける。ふくらはぎ全体が伸びていることを確認しながらキープする

ヒラメ筋のストレッチ

足を前後に開き、後ろの膝を曲げる。かかとは地面につけたままで、つま先は正面に向ける。アキレス腱に近いほうが伸びるのを確認しながらキープする

! 膝を曲げず、まっすぐ伸ばす

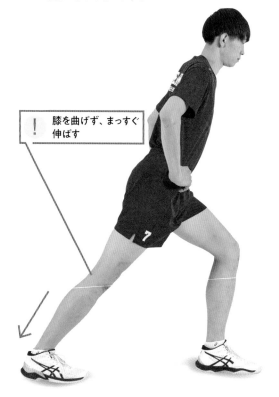

! 両方ともちょうどいい伸び感が得られるところで止める

クールダウンストレッチ 02 大腿四頭筋の柔軟性を向上させる

大腿四頭筋のストレッチ

目的 バレーボール選手の場合、大腿四頭筋が硬くなると、ジャンパー膝のような膝の傷害の可能性が高まる。またスクワットやジャンプの着地も適切にできなくなる。

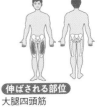

伸ばされる部位
大腿四頭筋

時間・セット数 左右**15〜20**秒×**2〜3**セット

座った状態で手のひらをお尻の真横あたりの地面に置く。片足を曲げ、お尻の横付近にかかとをつける。片方の足は前方に伸ばす。ちょうどよい伸び感が得られるところまで上体を後ろに倒していく

真横から

! 腰を反らずに、むしろ丸めることで、伸び感が得られやすくなる

× 上体を無理に倒して腰が反ってしまうと腰を痛める要因となる

足をお尻の外に置くと膝の内側を痛めてしまうことがある

臀筋のストレッチ

目的 お尻の筋肉を柔らかくすることで、股関節の動きを改善し、腰痛などを予防する。

伸ばされる部位
臀筋群

時間・セット数 左右**15～20**秒×**2～3**セット

座った状態で両膝を90°に曲げる。右の足首を左膝にかけ、両手で床を押しながら、足を胸に引き寄せキープする

真横から

! 腰が丸くならないようにする

! 両手をしっかり伸ばす

ハムストリングスのストレッチ

目的 大腿の裏側を伸ばすことで、股関節の動きをよくし、腰痛などを予防する。

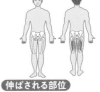

伸ばされる部位
ハムストリングス

時間・セット数 左右**15～20**秒×**2～3**セット

1 長座した状態で片足を曲げ、足裏を反対の足の太腿の内側につける

2 背筋を伸ばしながら、上体を前に倒していく。ちょうどよい伸び感が得られるところで止めてキープする

! 無理に伸ばそうとして、反動をつけたり、背中を丸めたりしない

✕ 背中が丸くなると、大腿の裏が伸びにくくなり、腰を痛める可能性がある

腰背部のストレッチ

目的 肩まわりと背中の筋肉を伸ばす。とくに利き腕のほうが硬くなりやすいので、重点的に伸ばす。

伸ばされる部位
広背筋

時間・セット数 左右**15〜20**秒×**2〜3**セット

四つ這いになり、左手を頭の前方に置き、右手は肘を伸ばして、さらに前方へ置く。体を床に近づけながら左後方へ引いてキープする

! お尻を後ろに引く
イメージ

! このあたりが伸びるように意識する

! できるだけ前方に手を置く

Advice

なぜ広背筋の柔軟性が大切か
広背筋が硬くなると、腕が上がりにくくなり、肩の傷害やスパイク時のパフォーマンス低下につながる可能性がある。しっかり伸ばしておくことが大切になってくる。

大胸筋のストレッチ

目的 大胸筋は柔軟性が失われやすいので、肩痛を予防するためにストレッチを十分に行うことが大切となる。

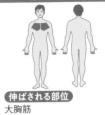

伸ばされる部位
大胸筋

時間・セット数 15〜20秒×2〜3セット

足を肩幅程度に開いて立つ。両手を後ろで組み、両肘を伸ばす。ちょうど良い伸び感が得られるところまで腕を上げていく

！ 胸をしっかり張る

腰を反りすぎている

肩が上がっている

155

ローテーターカフのストレッチ

目的 肩まわりの筋肉は、とくに利き腕のほうが硬くなりやすいので、しっかり伸ばしておくことで、肩痛予防にも効果的なストレッチとなる。

伸ばされる部位
小円筋、棘下筋

時間・セット数 左右**15〜20**秒×**2〜3**セット

クロスアームストレッチ

1 横向きに寝て、左手を肘から立て、右手で左肘をつかむ

2 右手で左肘を押し上げながら左手を上げる

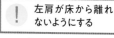
❗ 左肩が床から離れないようにする

スリーパーストレッチ

1 横向きに寝て、左肘を肩と同じラインに置く。右手で左の手首をつかむ

2 右手で左手を床のほうに押し下げていく

Part

プログラムデザイン

さまざまなトレーニングメニューを解説してきましたが、
効果をより高めるためには
トレーニング計画を自分たちで立てる必要があります。
このPartではピリオダイゼーション（期分け）に基づいた
プログラム例、サーキットトレーニング例、
ウォームアップ&クールダウンの構成例を具体的に紹介します。

プログラムデザインとは

目標に合わせたプログラムをつくろう

指導者や選手の方々から「トレーニングの効果的な進め方がわからない」「トレーニングを継続しているのに思うような効果が得られない」という相談をいただくことがあります。「効率的にトレーニング目標を達成する」ためには、それぞれの目標に合わせたプログラム（種目、回数、重量、セット数、休息）をつくらなければなりません。

例えば「ジャンプ力向上」が目標なのに、「スクワットを低重量、高回数で追い込むぞ」とやっても、その目標を効率的に実現することはできません。なぜなら低重量、高回数という設定は、ジャンプやスプリントのような高いパワー発揮とは真逆の筋持久力を鍛えるものだからです。これは、数学の成績を上げたいのに、国語ばかり勉強するようなものです。

トレーニングの目的は高めたい体力要素を鍛えること

高いパワー発揮を実現するには「中〜高重量、低回数」が必要になりますが、「それではメンタルが鍛えられないから、回数を多くしたい」という相談もいただいたことがあります。

しかし、トレーニングの第一目標は高めたい体力要素を鍛えることです。メンタルに集中するばかり、試合での動きが素早くならなければ、本末転倒だとは思いませんか？

効率的な強化を目指すなら頻繁に種目や回数を変えない

本パートでは、「筋肥大」「筋力」「パワー」「持久力」といった、トレーニングの主な目標を達成するための効率的なプログラムのデザインについて紹介します。

同じ期の中では、頻繁に種目や回数を変えるのではなく、基本的には同じものを続けていきます。頻繁に種目を変えてしまうと、強化したい動作や筋力に対するトレーニング刺激が不足してしまい、効率的な強化にはつながらないからです。

Part 3で紹介した種目を中心にP160以降でプログラム例をつくりましたが、紹介種目には限りがあるので、実際には紹介種目以外のものも取り入れていただいてかまいません。またわかりやすいように、同じ種目を、期をまたいで続けるプログラムにしていますが、期ごとに同じ筋群を鍛える他の種目に変更してもかまいません。

期ごとの回数等を示した右の表に当てはまる主なエクササイズは、ハングスナッチ（P 84）、ハングクリーン（P 82）、フロント／バックスクワット（P 66〜69）、ベンチプレス（P 114）、プッシュプレス（P 126）などです。

ピリオダイゼーションの考え方

期ごとに分けてプログラムを作成する

　ピリオダイゼーション（期分け）とは、年間のそれぞれの時期の大きな目標を達成するためにトレーニングプログラムを変化させることです。年間にわたり、同じトレーニングで同じ刺激を入れ続けると、効果が得られなくなったり、オーバートレーニングにつながったりする可能性もありますので、変化を与えることが大切になります。主な期とその目的を下の表に示しました。

オフシーズンで強い体をつくっていく

　オフシーズンは試合から離れた時期のため、トレーニングに重点を置くことができます。この時期は筋肥大期、筋力期、パワー期という順で構成されることが多く、トレーニング負荷が高くなるため、筋肉痛が起きやすかったり、体が重く感じたりすることがあります。そのような一時的な負の側面にばかり目を向け、「トレーニングは体を重くする」「動きが遅くなる」などと考えずに、「ケガをせず、パフォーマンスを上げるための強い体をつくる時期だ」と受け入れることも大切です。

　下半身を多く鍛える日には、ジャンプやフットワークのある練習を減らすなど、オーバーワークにならないための考慮も大切になります。またせっかくトレーニングに集中できる時期にもかかわらず、練習量が多くなってしまうと、オーバートレーニングにつながり、トレーニング効果も得にくくなってしまうので、スケジュール管理も重要になります。

●主なエクササイズ分けとその目的

年間	期分け	目的	回数	休息	セット数	重量
オフシーズン	筋肥大期（1月〜2月上旬）	高い出力（パワー・スピード）を発揮するために土台となる筋肉を大きくする	6〜12回	60〜90秒	3〜5セット	67〜85%1RM
	筋力期（2月中旬〜3月中旬）	大きくした筋肉が重い重量を担げるような高い筋力を獲得できるようにする	3〜6回	120〜180秒	3〜5セット	85%1RM〜
	パワー期（3月下旬〜4月）	高い筋力を獲得した筋肉を素早く動かせるようにする	2〜5回	120〜180秒	3〜5セット	75〜85%1RM
インシーズン	試合期（5月〜12月）	獲得した能力を維持、向上できるようにする	3〜6回	120〜180秒	2〜3セット	80〜93%1RM

＊RM　最大挙上重量のこと。1RMとは1回でギリギリ挙げることができる重量となる
＊ここでの回数など数値は、筋力やパワーを高めやすいとされるバーベルなどの負荷を使ったエクササイズの目安

トレーニング・プログラムデザイン

1 筋肥大期トレーニング・プログラムの例

筋肥大期（1月～2月）では、回数を比較的多めにすることで（6～12回など）、筋肥大を促します。

この期では、回数やセットが進むにつれ、疲労からフォームが乱れることがあります。同じ種目でもフォームや可動域が変わることで、鍛えられる部位も変わりますので、狙った効果を最大化するために、同じフォ

1日目

種目	回数	セット数	負荷	休息
ハングスナッチ（p84） or メディシンボール・オーバースロー（p80）	6	3～5	80% 1RM～ メディシンボール 2kg～	90秒
ベンチプレス（p114）	6～10	3～4	70% 1RM～	60～90秒
or プッシュアップ（p112）	10～12	3～5	自体重	
バーベルバック またはバーベルフロントスクワット（p66～69）	6～10	3～4	70% 1RM～	60～90秒
or ゴブレットスクワット（p65）	10～12	3～5	ダンベル	
インバーテッドロウ（p110）	10～12	3～5	自体重	60～90秒
バーベルルーマニアンデッドリフト（p73）	6～10	3～4	70% 1RM～	60～90秒
or ノルディック・ハムストリングス（p34）	6		自体重	
シットアップ（p128）	10～12	3～5	自体重	60～90秒

1週間のうち2日トレーニングを行うと想定し、ピリオダイゼーションの考え方に基づいた「筋肥大期」「筋力期」「パワー期」「試合期」「ピーキング期」に適したトレーニング例を紹介。

ームで実施しましょう。どうしてもフォームが乱れる場合は重量を減らすか、1セット当たりの回数を減らし、セット数を多くする（10回×3セット→6回×5セットなど）などが有効です。またバーベルがなくダンベルや自体重で行う場合は、セット数や回数をやや多くして、負荷をかけていきます。種目を行う順序としては、大きな動作や筋肉を使う種目から始め、上半身と下半身の種目を交互にまんべんなく行います。

2日目

種目	回数	セット数	負荷	休息
ハングクリーン(p82)	6	3〜4	80%1RM〜	90秒
デッドリフト(p70)	6〜10	3〜4	70%1RM〜	60〜90秒
ダンベルショルダープレス(p120)	6〜10	3〜4	ダンベル	60〜90秒
or				
チューブショルダープレス(p118)	10〜12	3〜5	チューブ	
スプリットスクワット(p86)		3〜4		
or	10〜12		自体重	60〜90秒
ブルガリアンスクワット(p89)		3〜5		
ワンハンドロウ(p108)	6〜10	3〜4	ダンベル	60〜90秒
or				
チューブベントオーバーロウ(p106)	10〜12	3〜5	チューブ	
サイドスクワット(p100)		3〜4		
or	10〜12		自体重	60〜90秒
ヒップアブダクション(p98)		3〜5		
オブリークツイスト❶(p130)	10〜12	3〜5	自体重	60〜90秒

トレーニング・プログラムデザイン

2 筋力期トレーニング・プログラムの例

筋力期（2〜3月）では、P159で紹介した主なエクササイズを3〜6回に減らし、重量を上げることで（85％1RM〜）、より大きな筋力を発揮する能力を養います。バーベルなどを使わないエクササイズは、回数を5〜8回にし、自体重の場合は年間を通して回数を多くしていきます。

この期では、重量が上がることで急に可動域が浅くなったり、動作の切り返し局面で反動を使ったりして狙った効果を獲得できず、ケガすることがあります。常にていねいに安定したフォームで行うようにしま

1日目

種目	回数	セット数	負荷	休息
ハングスナッチ(p84)	3	3〜4	85％1RM〜	120〜180秒
バーベルバックスクワット(p68) or ゴブレットスクワット(p65)	5	3〜4 3〜5	85％1RM〜 ダンベル	120〜180秒
ベンチプレス(p114) or クラッププッシュアップ(p122)	5	3〜4 3〜5	85％1RM〜 自体重	120〜180秒
バーベルルーマニアンデッドリフト(p73) or ノルディック・ハムストリングス(p34)	5	4	85％1RM〜 自体重	120〜180秒
ダンベルベントオーバーロウ(p107)＋ インバーテッドロウ(p110) or インバーテッドロウ(p110)＋ チューブベントオーバーロウ(p106)	6+6	3	ダンベル 自体重 自体重 チューブ	セット間 120〜180秒 種目間30秒
オーバーヘッドシットアップ(p129)	8	3	自体重	60〜90秒

＊エクササイズの組み合わせによって回数＆セット数は調整。また、負荷の低い種目は休息時間を短く設定

しょう。また２つのエクササイズを組み合わせることで、筋力の発達を狙います。

　１週間で２回トレーニングできるとすると、本格的なインシーズンまでの時期が４〜５カ月ある場合では最初の４〜５週間を筋肥大期、その次の４〜５週間を筋力期、最後にパワー期を４〜５週間などとそれぞれの時期を十分にとることができます。

　一方で、多くのバレーボールチームにおいては、オフシーズンが４カ月より短くなると思います。その場合、同じ週内の１日を筋肥大、もう１日を筋力のプログラムとすることで、期間が短いながらも両方の目標を目指すこともできます。

2日目

種目	回数	セット数	負荷	休息
ハングクリーン（p82）	3	3〜4	85%1RM〜	120〜180秒
フォワードランジ（p90）	6	3〜4	ダンベル	セット間 120〜180秒 種目間30秒
or				
ブルガリアンスクワット（p89）＋ シングルレッグルーマニアンデッドリフト（p92）	6+6	3〜5	自体重	
プッシュプレス（p126）	5	3〜4	85%1RM〜	120〜180秒
プレートサイドランジ（p103）	8		プレート or ダンベル	セット間 120〜180秒 種目間30秒
or		3		
サイドランジ（p102）＋ヒップアブダクション（p98）	8+8		自体重	
チンニング（p111）	8	3	自体重	120〜180秒
オブリークツイスト❷（p131）	8〜10	3	自体重	60〜90秒

トレーニング・プログラムデザイン

3 パワー期トレーニング・プログラムの例

よく筋力とパワーは何が違うの？　と言われることがあります。筋力は「力を発揮する能力」という意味で、上げている時間を考慮しませんが、パワーは「重量をより速く動かす能力」となり、時間の概念が入ってきます。

例えば、100キロの重量を5秒と3秒でそれぞれ上げた場合、どちらも重量は100キロなので筋力は同じですが、3秒のほうが素早いため、パワーが高い、という解釈になります。

また、パワー＝力×速度なので、種目に

1日目

種目	回数	セット数	負荷	休息
ハングスナッチ(p84)+ メディシンボール・オーバースロー(p80) or メディシンボール・オーバースロー(p80)+ カウンタームーブメントジャンプ(p77) またはデプスジャンプ(p78)	2+3 5+3	3〜4 3〜5	75〜85%1RM メディシンボール 2kg〜 メディシンボール 2kg〜 自体重	セット間120秒 種目間30秒
バーベルバックスクワット(p68)+ 10mダッシュ（またはもも上げ） or ゴブレットスクワット(p65)+ 10mダッシュ（またはもも上げ）	3+2本 (5秒) 5+2本 (5秒)	3〜4 3〜5	75〜85%1RM 自体重 ダンベル 自体重	セット間120秒 種目間30秒
ベンチプレス(p114)+ クラッププッシュアップ(p122)または メディシンボール・チェストパス(p124) or クラッププッシュアップ(p122)+ メディシンボール・チェストパス(p124)	3+5 5+5	3〜4 3〜5	75〜85%1RM 自体重 メディシンボール 2kg〜 自体重 メディシンボール 2kg〜	セット間120秒 種目間30秒
バーベルルーマニアンデッドリフト(p73)+ ダンベルスイング(p74)	5+5	3〜5	75〜85%1RM ダンベル	セット間 120〜180秒 種目間30秒
ダンベルベントオーバーロウ(p107)	6	3	ダンベル	60〜90秒
オーバーヘッドシットアップ(p129)	6	3	自体重	60〜90秒

＊エクササイズの組み合わせによって回数&セット数は調整。また、負荷の低い種目は休息時間を短く設定

よっては速度が遅くても、より高重量で動かすことで高いパワー発揮が実現できます。

ですので、この期ではより高いパワーを発揮するために、低回数、高重量が基本的な戦略となります。

筋力期の次にパワー期を行う理由としては、まず筋力期で重い重量を上げられるよ

うにし、その後に、重い重量を、スピードをつけて上げられるようにする、という狙いがあります。コート内を素早く動くためにはパワーを養うことが必要で、その後の試合期に向けて、トレーニング効果をバレーボールのパフォーマンスに転移させることも重要になります。

2日目

種目	回数	セット数	負荷	休息
ハングクリーン(p82)+ カウンタームーブメントジャンプ(p77) またはデプスジャンプ(p78)	2+3	3〜4	75〜85%1RM 自体重	セット間120秒 種目間30秒
or ダンベルスイング(p74)+ カウンタームーブメントジャンプ(p77) またはメディシンボール・オーバースロー(p80)	5+5	3〜5	ダンベル 自体重 メディシンボール 2kg〜	
ブルガリアンスクワット(p89)+ プッシュオフ(p96)	5+5	3〜4	自体重	セット間120秒 種目間30秒
プッシュプレス(p126)	5	3〜4	75〜85%1RM	120〜180秒
プレートサイドランジ(p103)+ サイドプッシュオフ(p104)	6+5	3	ダンベルorプレート 自体重	セット間 60〜120秒 種目間30秒
チンニング(p111)	5	3	自体重	120〜180秒
オブリークツイスト❷(p131)+ メディシンボール・サイドチョップスロー(p132)	6〜8 + 3〜5	3	自体重 メディシンボール 2kg〜	セット間 60〜90秒 種目間30秒

トレーニング・プログラムデザイン

4 試合期トレーニング・プログラムの例

インシーズン（試合期）においてもトレーニングを継続することは非常に大切です。よく「オフシーズンでトレーニングの貯金をして、インシーズンではトレーニングせずに練習に専念する」という声を聞くこともありますが、残念ながら、アスリートがトレーニングを中断してしまうと、1～2カ月ほどでトレーニング前の体力に戻ってしまうということが明らかになっています。

高校生で置き換えてみると、3月くらいまでは一生懸命トレーニングを頑張り、4月に中断したとすると、5～6月にあるイ

1日目

種目	回数	セット数	負荷	休息
ハングスナッチ(p84)＋ メディシンボール・オーバースロー(p80)	3 ＋ 3～5	3	80～93%1RM メディシンボール 2kg～	セット間 120～180秒 種目間30秒
バーベルバックスクワット(p68)＋ 10mダッシュ(またはもも上げ)	3～6 ＋ 2本 (5秒)	3	80～93%1RM 自体重	セット間 120～180秒 種目間30秒
ベンチプレス(p114)＋ クラッププッシュアップ(p122) またはメディシンボール・チェストパス(p124)	3＋5	3	80～93%1RM 自体重 メディシンボール 2kg～	セット間 120～180秒 種目間30秒
バーベルルーマニアンデッドリフト(p73)＋ ダンベルスイング(p74)	5＋5	3	80～93%1RM ダンベル	セット間 120～180秒 種目間30秒
ダンベルベントオーバーロウ(p107)	6～8	2～3	ダンベル	60～90秒
オブリークツイスト❷(p131)＋ メディシンボール・サイドチョップスロー(p132)	6～8 ＋ 3～5	3	自体重 メディシンボール 2kg～	セット間 60～90秒 種目間30秒

＊エクササイズの組み合わせによって回数&セット数は調整。また、負荷の低い種目は休息時間を短く設定

ンターハイ予選ではすでに獲得されたトレーニング効果はなくなっていると考えられます。体力が低下した状態で、目標とする大きな大会に臨みたくはないですよね。

ただインシーズンでは、試合が重なり、オフシーズンに比べ技術練習の時間が多くなります。オフシーズン同様にトレーニング量を

多くすると、ケガや体調不良につながるので、トレーニング量を抑えながらも、望ましい効果を獲得することが大切になります。

インシーズンでは、これまで獲得したパワー、スピード、筋力を維持、向上していくことが目的となり、回数やセット数は中程度に抑えることが有効です。

2日目

種目	回数	セット数	負荷	休息
ハングクリーン(p82)+ カウンタームーブメントジャンプ(p77) またはデプスジャンプ(p78)	3 + 3〜5	3	80〜93%1RM 自体重	セット間120秒 種目間30秒
シングルレッグルーマニアンデッドリフト(p92)+ ブルガリアンスクワット(p89)+ 10mダッシュ(またはもも上げ) またはプッシュオフ(p96)	5+5+ 2本 (5秒) 3	3	自体重	セット間120秒 種目間30秒
プッシュプレス(p126)+ メディシンボール・チェストパス(p124) またはクラップブッシュアップ(p122)	5+5	3	80〜93%1RM メディシンボール 2kg〜 自体重	セット間120秒 種目間30秒
プレートサイドランジ(p103)+ サイドプッシュオフ(p104)	6〜8+5	3	プレート or ダンベル 自体重	セット間90秒 種目間30秒
インバーテッドロウ(p110) またはチューブベントオーバーロウ(p106)	6〜8	2〜3	自体重 チューブ	60〜90秒
オブリークツイスト❷(p131)+ メディシンボール・サイドチョップスロー(p132)	6〜8 + 3〜5	3	自体重 メディシンボール 2kg〜	セット間 60〜90秒 種目間30秒

トレーニング・プログラムデザイン

5 ピーキング期トレーニング・プログラムの例

目標とする大会直前の2週間ほどの時期において、トレーニング量を減らしていくと、体の疲労が取れ、これまで疲労により隠れていたトレーニング効果がより鮮明になり、身体的なパフォーマンスが上がっていくことがあります。これをテーパリングと呼びます。現在、トレーニングの領域では、このテーパリングが大きな大会でのピーキング（体をよりよい状態にすること）の手段として主流になっています。この概念を監督やコーチの方々にお伝えすると、驚かれることが多くあります。

以前、スポーツの現場では、「ピーキング」については「一度、体力的に限界まで追い込む過酷なトレーニングをやってから疲労を抜くことで、パフォーマンスが上がる」と信じ込まれていた部分があります。

しかしながら、大会前に限界的なトレーニングをすることは、ケガや体調不良のリスクがきわめて高く、またたった1～2週間しかやらないトレーニングで体力が大きく向上することは、まずありません。疲労を抜いた後に、体が動きやすくなる感覚に出会ったことがある人もいると思いますが、それは隠れていたトレーニング効果が鮮明になったと考えるよりも、ただ単純に疲労が抜けたことによる影響と考えるほうが自然でしょう。

具体的な方法ですが、P159の表に比べ回数やセット数は減らしながらも強度（重量）を維持することで、筋力やパワーを維持し、疲労を低減させることが大切です。

1日目&2日目

種目	回数	セット数	負荷	休息
ハングスナッチ(p84)+ カウンタームーブメントジャンプ(p77) またはデプスジャンプ(p78)	2+3	2～3	80～93%1RM 自体重	セット間120秒 種目間30秒
バーベルバックスクワット(p68)+ 10mダッシュ(またはもも上げ)	3+1本 （5秒）	2～3	80～93%1RM 自体重	セット間120秒 種目間30秒
ベンチプレス(p114)+ クラッププッシュアップ(p122)	3+3	2～3	80～93%1RM 自体重	セット間120秒 種目間30秒
バーベルルーマニアンデッドリフト(p73)+ ダンベルスイング(p74)	5+5	2～3	85%1RM～ ダンベル	セット間120秒 種目間30秒
ダンベルベントオーバーロウ(p107)	6～8	2	ダンベル	60~90秒

＊エクササイズの組み合わせによって回数&セット数は調整。また、負荷の低い種目は休息時間を短く設定

バレーボールにおける走り込みについて

長距離の走り込みは必要か？答えは……『NO』

他チームの指導者や選手の方々からいただく質問で一番多いのは「長距離の走り込みは必要ですか？」というものです。伝統的に「長距離の走り込み」はすべての体力要素を鍛えることのできる「魔法」のようなトレーニングとして信じられてきました。さらに体力から離れ、「土壇場で力を発揮するための精神力を養うには走り込みが一番だ」と精神面にまで波及する場面も見受けられます。

私は高校球児（投手）でしたが、恥ずかしながら当時は「走り込み信者」でした。走り込みをすれば、球速、制球力、精神力などあらゆる要素が向上すると信じ、毎日ウエイトトレーニングとともに10キロ以上のロードワークをしました。しかし体重は減り、オーバーワークで体の至る所をケガしました。もちろん球速も変わりませんでした。もしかしたら、現状を聞く限りその

ような高校生は多いのかもしれません。

長距離での走り込みによって確かに持久力は獲得できます。しかし、遅い速度という特性を考えると、先述した国語と数学のように、バレーボールに必要な持久力と異なる持久力を鍛えるということになります。またいくら低強度（遅い）だからと言っても、たくさんのフットコンタクトが生じます。そのためバレーボール選手に負担のかかりやすい膝や足首にさらに過度なストレスを与えることとなります。過度な走り込みをすることで、効果を得られないばかりか、ケガのリスクを増やしてしまってはトレーニングの意義などありません。

バレーボールに必要なのは瞬発的な持久力

ではバレーボールに必要な持久力とは何でしょうか。試合で高いパフォーマンスを発揮し続けるためには、素早い動きと高いジャンプを続けられる瞬発的な持久力が必要となります。

われわれはこの素早い動き、高いジャンプを含めた瞬発的な動き（パワー発揮）を「出力」と定義し、高い出力を出し続けること＝「パワー持久力」と呼んでいます。次のページでは、「パワー持久力」を養うためのサーキットトレーニングについて考えてみたいと思います。

参考文献
森谷敏夫総監修.NSCAパーソナルトレーナーの基礎知識第2版.NSCAジャパン,東京.2015.
篠田邦彦総監修.ストレングストレーニング＆コンディショニング第4版.ブックハウスHD,東京.2018.
福永哲夫監修.高校生のための体力トレーニングマニュアル.ベースボール・マガジン社,東京.2018.

パワー持久力を鍛えるためのサーキット

試合でのパフォーマンス力を高めてくれる

バレーボールでは、多くのラリーが10秒以下と短いですが、一部のラリーは10秒以上、また数十秒になることがあり、女子においてはその割合が高くなります。ラリーにおいては、素早い方向転換やジャンプ動作、片足での動作などが連続で行われます。ラリーが続いたり、セットを重ねたりすると、疲れにより、そういった瞬発的な動きができなくなっていき、思うように体を動かせなくなる感覚を誰しも経験したことがあると思います。しかしパワー持久力がついていけば、最後まで素早い動きを実現できるのです。

また、バレーボールの練習中の心拍数を測ってみると、最大心拍数の85パーセント以上を記録する時間帯の割合は、競技レベルが高いほど、高くなったという研究結果があります。もちろん遅い動作より、素早い動作のほうが心拍数は上がりやすいものです。競技レベルの高いチームでは、練習においてもより素早い動作を続けることができるのかもしれません。

そう考えると、サーキットトレーニングによりパワー持久力を高め、心拍数が高い状態の中でプレーできる能力を養えば、試合での高いパフォーマンスを長く続けられるだけでなく、日々の練習においても、より瞬発的な動作を用いて長くプレーでき、その練習がより実戦的な質の高いものになる可能性もあります。

サーキットトレーニングは、複数のエクササイズを休みなしに連続で行うもので、心肺機能も筋持久力も向上させることができます。バレーボールでは、ジャンプ、ダッシュ、方向転換と下半身を使うことが多いため、下半身の種目を積極的に取り入れて、サーキットを行います。これまでのPartで紹介したエクササイズで構成した例が下の表となります。

●サーキットトレーニング例

ダンベルスイング(P74)×10回

↓

カウンタームーブメントジャンプ(P77)×5回

↓

フォワードランジ(P90)×片足10回ずつ

↓

プッシュアップ(P112)×10回

↓

シットアップ(P128)×10回

↓

ダンベルスイング(P74)×10回

↓

スプリットジャンプ(P94)×片足5回ずつ

↓

ゴブレットスクワット(P65)×10回

↓

プッシュアップ(P112)×10回

↓

メディシンボール・サイドチョップスロー(P132)×片方5回ずつ

↓

9mダッシュ(2〜3往復)

↓

ダンベルスイング(P74)×10回

↓

カウンタームーブメントジャンプ(P77)×5回

トレーニング

週に1〜2度、2〜3セットを目安にする

　下半身の種目を3種目行い、その後に、体幹と上半身の種目を入れ、運動を継続しながらも下半身を休ませます。そしてまた下半身の種目を続けます。このサイクルを守り、最後により瞬発的な種目を3つ続けます。サーキットトレーニングを始めて最初の頃は、最後のダンベルスイングやジャンプなどでは体が思うように動かず、しっかりとできないかもしれません。しかし、継続していくと段々とできるようになっていきます。頻度としては週に1〜2度、2〜3セット程度、セット間の休息は3〜5分ほどで十分な効果が得られるはずです。

自分がしっかりできる正しいフォームで行うこと

　ここで重要な注意点をお話します。サーキットでよくある誤りとして、素早さを意識するあまりフォームが雑になり、ふだんのトレーニングとは大きくかけ離れたフォームで実施してしまうことで、ケガのリスクが高まったり、狙った効果が得られなかったりすることがあります。また、後半になってくると疲労により可動域やフォームが甘くなることもあります。「フォームが雑になってもいいから、速く動かして追い込め！」と言う人もいたりしますが、トレーニングの効果を最大限に引き出すためには、何度も言いますが、目標に対して適切なやり方で行うことです。不適切なフォー

ムで続けてしまうと、実際のプレー中でも不適切な動作で行ってしまうことにつながります。試合中に疲れたからといって、「テキトー」にジャンプしたり、ダッシュしたりしませんよね。いつだって真剣になるべく良いプレーをしようとするはずです。ですからバレーボールに活かすためのパワー持久力を養うには、適切なフォームでサーキットを行うことが大切です。

　ただ疲れてくると、どうしても適切なフォームでできない場合もあると思います。その場合は各種目の回数を減らしたり、速度を落としたりして、まず自分がしっかりとしたフォームでできる範囲のスピード、回数で動かしていき、慣れてきたら段々とスピードを上げたり、回数を増やしたりすることが推奨されます。

　長い距離の走り込みは数十分、場合によっては1時間を超えることもありますが、サーキットは短時間で効率的に効果を得ることができます。ぜひ、チャレンジしてみてください。

参考文献
1. Gabbet T. Physiological and anthropometric characteristics of junior national, state, and novice volleyball players. J. Strength Cond. Res. 21(3):902-908. 2007.
2. 甲谷洋祐.バレーボール選手におけるS&Cトレーニングのプログラムデザイン.ストレングス&コンディショニングジャーナル.20(2):2-9.2013.
3. Hedrick A. バレーボールで高度なパフォーマンスを発揮するためのトレーニング. ストレングス&コンディショニングジャーナル.14(1):38-52.2007.
4. Marques MA.Cら.インシーズンにおける男子プロバレーボール選手のレジスタンストレーニング.ストレングス&コンディショニングジャーナル.15(5):28-38.2008.
5. 鳥越隼.社会人バレーボール選手におけるS&Cトレーニングのプログラムデザイン.ストレングス&コンディショニングジャーナル.23(2):8-18.2016.

ウォームアップの構成例

　効果的なウォームアップを行うには段々と強度を上げていくことが大切になります。適切に行うと、筋温や深部体温の上昇、柔軟性や筋出力の改善など多くの利益があります。

　しかしながら、高校などの試合では、数分間ランニングしただけで、すぐに対人練習やスパイク練習に入る光景をよく見かけます。この場合、十分に体が温まっていませんし、各身体機能が活性化していない状態です。パフォーマンスを十分に発揮できないうえ、ケガのリスクも高まってしまいます。

　ここでは自分たちの能力をスムーズに発揮できるような効果的な段階的ウォームアップの方法を紹介したいと思います。

1 一般的ウォームアップ

低強度の持続的な有酸素運動（ランニングやバイクなど）を10分前後行い、心拍数や血流、体温を高めます。

2 専門的ウォームアップ（右表参照）

バレーボールに必要な柔軟性や動作を用いてダイナミック（動的）ストレッチを行い、その後にジャンプ→スプリント→方向転換、という風に段々瞬発的な動作に進んでいきます。ただとくに硬い筋肉や以前にケガをしたことがある部位においては、いきなり大きく動かすことが難しい場合があります。その際には、まず静的ストレッチで10〜15秒ほどゆっくり伸ばし、可動性を高めてから、ダイナミックストレッチなどの本格的なウォームアップに移るとよいでしょう。

3 競技特異的ウォームアップ

ここはいわゆる競技のウォームアップになります。バレーボールでは対人パスなどが行われることが多いでしょう。

●専門的ウォームアップの例

体幹固定（各20秒）

フロント・プランク（P28）→ハンド・トー（P29）→サイド・プランク（P29）

体幹可動性（10回）

キャット・アンド・キャメル（P26）

下半身可動性&活性化（各10回）

アクティブ・ハムストリングス・ストレッチ（P27）→ファイヤーハイドラント（P30）→ヒップサークル（P31）

上半身可動性&活性化（各10回）

ソラックローテーション（P47）→ゼロポジション肩関節外旋エクササイズ（P48）→L・W・Yエクササイズ（P50）

全身のバランス&活性化（各10回）

エアプレーン（P35）→オーバーヘッドスクワット（P24）

下半身の活性化（より大きな動きで、各8～10回、片足バランスは各ポーズ1分間）

フォワードランジ（P90）→サイドランジ（P102）→シングルレッグルーマニアンデッドリフト（P92）→片足バランス（P57）

瞬発的な動作の実施（各5回、10m×5本）

スクワットジャンプ（P76）→カウンタームーブメントジャンプ（P77）→スプリットジャンプ（P94）→
サイドジャンプからのランディング（P42）→ラテラルステップ（P146）→ステップバックスタート（P142）

　この例はPart 2で紹介した「傷害予防エクササイズ」を中心に構成しています。傷害予防エクササイズはウォームアップで使えるもので、日常的に取り入れていくのが好ましいと思います。種目数が多くて時間がかかりそうに思いますが、実際に慣れてくると数分～10分程度で終えることができますので、ぜひ、取り入れてみましょう。専門的ウォームアップのコツは動きの小さいものから動きの大きいもの、ゆっくりな動きから素早い動きへと、少しずつ段階的に進めていくことです。

クールダウンの構成例

クールダウンは
体の回復を高めてくれる

　練習やトレーニング後は、低強度のクールダウンを行って、体を運動時の状態から安静時の状態へ徐々に移行させる必要があります。激しい練習や試合が終わってすぐに着替えて、帰宅する光景をよく目にしますが、ウォームアップ同様、段階的にクールダウンを行い、心拍数や血圧を効果的に戻すようにすることで、回復を高めることができます。

　実際には、ウォームアップと逆で動的な動きから静的な動きへと段階的に行います。まずは、ゆっくりなジョギングを5～10分程度行い、その後、静的ストレッチを行うとよいでしょう。静的ストレッチは、

Part4で紹介した種目を中心に、全身をくまなく各15～20秒前後伸ばしていきます。さらにストレッチは、筋が硬くなることを最小限に抑え、柔軟性を保つ作用もあります。

　もちろんリラクゼーション効果もありますので、緊張せずにリラックスした状態で行うことも大切です。

シェイクダウンと冷水浴も
疲労回復に効果あり

　近年は、上記の方法のほかにも、さまざまなクールダウンの効果が明らかになっています。例えば、仰向けに寝ている状態で、他者に足を持って揺すってもらう「シェイクダウン」には筋肉の疲労を回復させるという効果があります。とくにバレーボール

選手は、太腿やふくらはぎに大きな負担がかかるので、有効な手段となる可能性があり、2分前後行うと効果的とされています。

また冷たい水に体を浸す「冷水浴」も疲労回復に効果があるといわれています。継続的に15度以下で最大10分程度行うか、間に休みを入れながら、4～5度前後で1回4分間を4回ほど繰り返す方法が効果的とされていますので、自宅や宿泊先で取り入れることができます。

毎日8時間以上の睡眠を心がけよう

最後に睡眠の話をしたいと思います。高校生のみなさんなら、朝練などで早朝の起床になることや、勉強やスマートフォン利用などで就寝時間が深夜になることもある

と思います。やむを得ない事情については仕方ありませんが、通常の生活で、スポーツ選手は睡眠時間を毎日8時間以上とることが望ましいとされています。睡眠時間の短い場合と長い場合では、短い人のほうがケガの割合が多く、またパフォーマンスも下がってしまうことがわかっています。

そう考えると、毎日長い時間通学をしたうえでの朝練習などは、場合によっては、体に悪影響を及ぼす可能性がありますので、この点を十分に注意して日々の生活を過ごしてほしいと思います。

下表で、一般的に練習後に行うことのできるクールダウンの例を紹介します。また冷水浴なども自分の生活環境で実施が可能であれば、取り入れていただければと思います。

●クールダウンの例

ジョギング（5分）
↓
ウォーキング（5分）
↓
全身の静的ストレッチ（各15～20秒）
↓
シェイクダウン（2分）
↓
フォームローラーなどを用いたセルフマッサージ

参考文献
Costa PB. 格闘技のためのウォームアップ、ストレッチング、およびクールダウン戦略. ストレングス&コンディショニングジャーナル. 21（4）47-53.2014.
Corrao Mら. アスリートに発生する肩関節後部の緊張の改善. ストレングス&コンディショニングジャーナル. 19（8）53-57.2012.
Rey Eら.サッカー選手のための実践的な積極的回復と消極的回復の方策.ストレングス&コンディショニングジャーナル.27（2）29-41.2020.
Bird SP.睡眠、回復、競技パフォーマンス:簡易レビューと指針. ストレングス&コンディショニングジャーナル. 35（5）43-47.2016.

佐藤裕務 さとう・ひろむ

NSCAジャパン教育研究担当、早稲田大学男子バレーボール部ストレングスコーチ
CSCS（NSCA認定ストレングス&コンディショニングスペシャリスト）、NSCA-CPT（NSCA認定パーソナルトレーナー）
1987年北海道厚沢部町出身。早稲田大学スポーツ科学部在学時にソフトボール部男子学生トレーナーを務め大学選手権優勝、プロ野球選手の輩出に立ち会う。2014年よりNSCAジャパンに勤務、2015年より早稲田大学男子バレーボール部でストレングスコーチを務める。バレーボール部では、ウエイトトレーニングからスピード、プライオメトリックスまで幅広く指導している。またバレーボールにおけるトレーニング成果をまとめ学会発表も行うほか、高校野球部や陸上競技競歩選手などへの指導、大学等での講演活動も行っている。

撮影協力：早稲田大学男子バレーボール部
前列左より、平田康隆、大塚達宣
後列左より、山田大貴、水町泰杜、伊藤吏玖

執筆協力
松井泰二（P10〜11）、村本勇貴（P44〜59）、山中美和子（P12〜13,18〜43）、伊東克明（P148）、岡本香（P16、60）

競技力が上がる
体づくり

バレーボールの
フィジカルトレーニング

2021年8月30日　第1版第1刷発行
2024年5月20日　第1版第2刷発行

著　者／佐藤裕務
発行人／池田哲雄
発行所／株式会社ベースボール・マガジン社
〒103-8482
東京都中央区日本橋浜町2-61-9　TIE浜町ビル
電話 03-5643-3930（販売部）
　　　03-5643-3885（出版部）
振替口座 00180-6-46620
https://www.bbm-japan.com/

印刷・製本／広研印刷株式会社
©Hiromu Sato 2021
Printed in Japan
ISBN978-4-583-11246-6　C2075